午夜時分的心理課

英國約克大學心理學博士
黃揚名 —— 著

心理學博士陪你一起自問自答，
用科學讓生活有餘裕，人生更自在！

推薦專文

連結心理學理論與生活之應用

中國文化大學心理輔導學系教授　邱發忠

黃揚名博士孳孳不倦的推廣心理學知識於生活中，雖然開展的事物是繁重的，然而，黃博士仍樂在其中，也得到相當顯著的成效，因此，他是我相當佩服的年輕學者。商周出版邀請我是否能為他的大作：《午夜時分的心理課》這本書寫推薦序，我就很開心的答應了，也在這個機會裡，我完整的閱讀了這本書，覺得相當的享受與收穫滿滿。讀完了這本書不僅對自己的生活有顯著的幫助，對於從事教學工作的我，也可適時的分享這本書的訊息，對學生的自我、生涯、職場、學習、情緒調控、生活適應、人際關係，及愛情等議題具有醍醐灌頂之效。

這本書在寫作風格上用字淺顯易懂，讓一般未接觸過心理學的讀者可以輕鬆的閱讀。本書在內容上，每個議題除了心理學理論之說明外，亦提出相關之實徵研究成果來支撐理論，因此，每個主題均有相當強韌之論點。最後，作者也引導讀者將心理學之理論延伸到生活中各項議題之反思與應用。書中的「午夜小提醒」可讓讀者在簡短的語句中掌握相關主題之精要。過去本人學習心理學之歷程中，老師總會提點說：「當研究結果與人們常識想法不一致時，就代表該研究是具有價值的」。因此，這本書也點出一些科學心理學論點與一般大眾常識不同之處，由此，可促使讀者在生活中不會被口耳相傳之迷思概念給誤導。因此，這本書除了提供相當豐厚的訊息量外，也可導正讀者錯誤之「內隱心理學理論」。

我閱讀完這本書後，發現一些令我印象深刻的議題。在自我相關議題上，作者指出一個人在發展早期並不需立下一個明確之志向，可以開放自己體驗不同領域後，逐步找到自己的志向。這有如已故蘋果電腦創辦人史蒂夫．賈伯斯（Steve Jobs）指出的：「當你在向前展望的時候，你不可能將這些點滴串連起來；你只能在回顧的時候將點點滴滴串連起來，因此，你必須相信這些點滴會在你未來的某一天串連起來。」(You can't connect the dots looking forward; you can only connect them looking backwards. So you have to trust that the dots will somehow connect in your future.)。這個達成人生目標之未來歷程需要的就是個人之自信心、能力、毅力、勇氣、人際關係、感恩、奉獻及幸運等特質或條件。在消除情緒困擾部分，作者也提出未必在面對負向刺激時一定要使用直接面對（直球對決）的方法，來降低自己之負向情緒反應。當刺激或事件可能引發強大之負向情緒時，與其正面迎接，倒不如使用轉移注意力方式，例如，先做其它事情來轉移自己的注意焦點，等到情緒強度減弱，或事情往好的方向流動時再去面對，反而是比較有利的因應方式。

在職場生存方面，作者提出之「積極與佛系並存」之概念，作者提到之積極，是指自己有決定權之事物部分，然而，佛系為那些自己無權無勢改變之事物。對自己有決定權之部分，就要努力做到最好，止於至善；然而，自己沒有決定權之事物，就選擇讓它自然發展，這是一種生命的智慧。其中，針對自己無法改變之事物有可能會誘發負向情緒，那應如何因應？這就有如《金剛經》提到的「不取於相，如如不動」的態度，即自己想法與情緒不受外境影響而產生困擾，而能自在的生活。在愛情議題上，一般大眾都會認為不要因為感性而失去了理智，然而，愛情並非可以全然可用理性來看待，有時說不出的感性才是重要的。腦科學研究指出，男女朋友在看到對方的照片時，大腦與感情處理有關之區域會活化起來，半年前發現大腦與感情區域活化較低者，與活化高者比較起來比較容易分手。由此可見，愛情具有生理基礎，這個愛的感覺並不全然可以使用理性來加以評估或做決策。

最後，在閱讀《午夜時分的心理課》這本書時，我建議的方法是先專注的好好閱讀，當獲得各議題之心理學概念與應用方法後，檢核自己的狀態，如何使用這本書的概念使自己更好。接下來擬定行動計畫來改變自己，並且不時的反思應用的效果，即監控自己目前狀態與自己想要改變之目標距離。然後，再訂立計畫，再行動，反覆進行這樣的程序。經由這樣的歷程，讀者將不會只是讀過這本書，經由實踐也會讓自己朝向更佳生活適應與幸福的方向前進。親愛的讀者們，生活就是一門心理課，我們一起來上課吧！

推薦專文

心理學讓你過得更有選擇

臨床心理師　曾心怡

如果要問我心理學可以怎麼幫忙人們？我一定會推薦揚名老師在各種平台的分享。從教養，到情緒調節，到怎麼有效率地過生活，我們都可以從揚名老師的著作找到答案。簡單來說，心理學是一門可以幫助人們過得更有選擇的學問。

是的，有選擇。這是我看完《午夜時分的心理課》之後第一個浮現腦中的詞。我和揚名老師同年紀，經歷過一樣的時代與教育體制，他在書中所提及的廣播也是我高中生活的一部分，更甚者，我還因為當時各種年少與家庭的困惑，寫信給當時的電台主持人光禹，很幸運地得到了回信，成為我高中升大學時的支持力量之一。《午夜時分的心理課》，就像是一本人生的參考書，從自我成長、人際關係、職涯適應，以及感情探索，許許多多關於生活的困惑，我們可以從這本書中所傳達的心理學知識，得到答案——一種你可以對於自己有更多的允許，跳脫一些思考上的框架，讓讀者感受到因為有選擇所帶來的自由。透過心理學知識的佐證，我們可以知道人生的路上不用學以致用也可以盡其在我；我們可以因為在小確幸中得到快樂而不用覺得自己很廢。

例如：在書的第一章節是關於自我探索，有一個很重要的提醒：「**每個人都有最適合自己做的事情，與其靠後天努力來做好自己不擅長的事情，你更應該花時間找到自己的天命，並且好好發揮。**」這點在讓身為心理師與母親的我非常有感。在成長與教育的過程，我們為了要升學，需要把自己不擅長的科目救起來。然而「數學不會就是不會」，在學習的過程中，有多少學子在不擅長的科目中失去了對於學習的興趣，或是忽略了發揮自己的強項，提升自我效能才會是讓學生擁有學習動機的好方法。許多大人是帶著學生時代的挫敗感長大，而形成了負面的自我印象。面對人生的各種情境，用對了力氣與方法，就能盡量減少繞遠路的辛苦以及挫折的堆疊。

不是每個人都有機會走到諮商室裡，讓自己心裡的聲音被聽見，讓心理的困惑被釐清。然而我們可以透過閱讀，參考別人的生命經驗與被驗證過的知識，讓我們有機會和自己對話，突破思考過程中的盲點，我想這也是揚名老師推出這本書的用意。

生命都有其困境，我想，對一個人最大的祝福不在於無風無浪，而是每個挑戰都能夠找到最適方法來度過，每個心理的傷都有機會被療癒。

2 生活你我他——自由自在，不受情緒困擾 079

目錄

美好圓滿，不受假象欺瞞

作者序

夜深人靜，讓我陪你思考人生

國高中的時候，因為讀書會讀到很晚，我通常會一邊聽著廣播一邊讀書。那個時候很喜歡幾位主持人，像風格嗆辣的黎明柔、字正腔圓的李季準、像大哥哥般的光禹。如果比較晚入睡，還有機會聽到王介安的《午夜琴聲》。我很喜歡深夜有這些主持人的陪伴，也很喜歡他們在空中分享自己或是聽友的心情故事。

或許因為自己是一個愛分享的人，所以覺得主持廣播節目很酷，因為主持人可以盡情分享想跟聽眾說的故事，以及點播想要讓他們聽到的音樂。在大學擔任導師，某部分也滿足我想要跟人分享的癮，因為學生會帶著各式各樣的難題來找我。有時候雖然不一定能夠給他們答案，但總覺得能夠用某種形式來陪伴他們，就是很有能量的一件事情。

兩年多前，雖然（還）沒有如願成為廣播主持人，但因為podcast的興起，因緣際會讓我開始做起自己的節目，也因而有機會成為《來勺多巴胺》podcast的主播。《午夜時分的心理課》這本書的前身，就是我為《來勺多巴胺》準備的內容。當時，我就希望透過節目來陪大家面對生活中的困境，並且找出一些出路。雖然節目不是設定在午夜首播，但我自己覺得很適合在午夜聆聽，因此把書名訂為《午夜時分的心理課》。

準備節目的過程雖然很辛苦，因為一週要更新兩集，但我很享受這個過程，也非常感謝周遭朋友集思廣益，讓我有機會針對一些特別的主題分享，像是「鈍感力」這樣的概念，對我來說也是很有趣的。雖然當時沒有特別劃分主題類別，但經過整理後，我把節目的內容分成了四大類：自我面對面、生活你我他、職場生存經以及感情華爾滋。

每個主題延續了心理課系列的傳統，都有「心理學小科普」，讓我幫大家科普一下。這次也在每個主題的最後，拋出一個問題讓大家想想自己的人生。另外，每個主題也準備了一則「午夜小提醒」和大家共勉，期許這有畫龍點睛的效果，讓你看到自己人生的盲點。

如果你喜歡《午夜時分的心理課》這本書的內容，我要邀請你訂閱《生活中的心理學博士電台》這個podcast，讓我繼續跟你分享生活中的點滴。因為現在一些平台都可以合法嵌入音樂，所以我的podcast也有所升級，每集會選擇搭配主題的歌曲，也可以接受聽友的點歌。在我還沒有當上廣播主持人前，就讓我利用podcast，跟大家空中相會。

Section 1

自我面對面

——找到自我，不受期待干擾

你的夢想是什麼？
你的志向在哪裡？
你總是追隨別人的腳步前進？
找出自己的方向，走自己的路，不因別人的期待改變，
你就能發現真正的自己。

01

先天重要，還是後天重要？

前兩年皮克斯有部動畫片《靈魂急轉彎》（*Soul*），描述一個中學樂隊老師喬，他對爵士樂非常有熱情，希望能夠成為知名樂手，但總是差了臨門一腳。他只能在中學教學生音樂，面對著一群對音樂沒什麼熱情的孩子。有一天，他獲得了參與知名樂手團隊演出的機會，喜出望外之際，他居然意外身故了。陰錯陽差之下，他來到了培訓靈魂的「投胎先修班」（the great before），完成訓練，靈魂才能重回地球。他在這裡遇上了遲遲無法完成訓練、編號22的靈魂。後續怎麼發展，請大家自行觀賞。

這部電影帶出了很多值得思考的議題，我們先來探討你是怎麼成為你的。

你之所以為你，是先天還是後天造成？

在電影中，靈魂會被分配不同的性格，意味著你之所以為你，是先天因素造成的。但真是如此嗎？

先天、後天，一直是發展心理學中的焦點。同卵雙胞胎，因為基因相同，所以若他們的特性有高度一致性，就支持這個特性確實受到先天影響。透過親生子女和養子女之間的比較，可以看出後天的影響，因為親生子女和養子女之間，沒有共通的先天條件，只有後天條件是相同的。

在這裡跟大家分享一個有點殘酷的研究。在一九六〇年代，兒童心理學家彼得・紐包爾博士，剛好接手一個沒有人撫養的三胞胎個案，他沒有把這三個孩子送到同一個領養家庭，而是刻意把這三個孩子送到社經地位不同的家庭。這些領養孩子的家庭，也沒有被告知他們領養的是三胞胎的其中一個。紐包爾博士每年還藉著領養中心的名義，到這三個家庭去訪視。

然而，終究紙包不住火，因為三胞胎其中兩個先後進入同一所大學而相認了。這個消息上了新聞之後，第三個兄弟看到了電視上有兩個跟他長得一模一樣的人，感到很驚奇，也跟他們相認了。三兄弟相認的時候，發現彼此不論是外貌、性格或是喜好都有高度的一致性，強化了先天因素對一個人的影響很重要的事實。不過，他們還是有一些差異，其中一個兄弟有憂鬱症，後來也因為兄弟間的爭執，選擇結束自己的生命。

大家若對這三胞胎的故事有興趣，不妨找找紀錄片《三個一模一樣的陌生人》（*Three Identical Strangers*），可以知道更多關於他們的故事。

心理學小科普

基因的影響比學校更大嗎？

在亞洲地區，家長們很喜歡孩子去念好的學校，因為家長們認為，孩子如果念了這些好學校，就可以有比較好的未來。但是，一個在英國進行的研究發現，學生的基因差異，比起念的學校類型（不用篩選就能入學的學校 vs. 需要通過考試篩選入學的學校），更能夠解釋學生們考試的表現。也就是說，在考試表現上，可能先天的影響比起後天的影響更大。

但是，如果把入學標準納入考量，則連基因影響都下降了，這不是說先天影響不重要，而是先天影響提前反映在能否入學上。所以，與其執著於要進入名校，或許還不如幫助孩子瞭解自己的天性重要！

撇開這個研究不說，其實很多研究都發現，**人們多數的特性基本上都不單純是先天或是後天所造成的影響，而是先天與後天交織來共同影響的**。不過，如果你問我，到底哪個影響大？我個人其實覺得，先天影響或許大一些，至少在觀察我家兩個孩子的性格發展等等的特性，我和太太對於兩兄弟一些差異性極大的作風，感到非常不可思議。兩兄弟在滿月前的性格就有很大的差異，哥哥比較安靜，不太會哭鬧，然而弟弟卻很需要關注，要感覺你一直有在注意他。現在哥哥已經十二歲、弟弟八歲，兩個的差異越來越明顯，讓人不得不讚嘆孩子天生性格的影響。

「先天」已無法改變，可以靠「後天」來讓改變發生

不過，除了少數遺傳性造成的疾病，很多關於你這個人的特質，都是可以透過後天經驗而改變的。一個在美國和日本長期追蹤的研究結果顯示，人們的性格會隨著年紀而改變，人的外向、神經質程度，會隨著年紀下降，但是親和性則會隨著年紀增加。這顯示後天經驗會對一個人造成影響，不過到底是因為年紀還是經歷造成這樣的影響，基本上很難區分。但是，不論是年紀或是經歷，都不是先天的因素，而是後天的因素對人產生了影響。

口足畫家楊恩典，一出生就沒有手，人生差點就被放棄。在她三歲的時候，蔣經國總統到育幼院，當時的她對總統說：「我沒有手。」蔣總統告訴她：「雖然妳沒有手，但是妳還有腳，腳可以做很多事。」因為這件事，她開始練習用腳做各種事情，認真學習，最終成為國際知名的口足畫家。

我想絕大部分的朋友，應該沒有像楊恩典一樣，被剝奪了多數人用來做某件事情

的能力。那麼，你是否該停止埋怨自己先天不如自己，而把焦點放在自己該如何努力呢？也就是說，我們每個人都該為自己的樣貌負責，而不是歸咎於「這是天性、我無能為力」。

人生想一想

- 雖然有很多勵志的故事都告訴我們「有志者，事竟成」。我不否認，在一些情境下，努力能夠幫你換來成功。但是，如果有人只要一分的努力，就比你投入十分的努力還要成功，你為什麼還執意要做那件事情呢？
- 發明大王愛迪生曾經說過：「假如你讓一條魚爬樹的話，牠會永遠相信自己是一個笨蛋。」或許很努力的魚真的可以爬樹，可是牠終究沒辦法比擅長爬樹的猴子來得快。那麼，為什麼非得要當一條會爬樹的魚呢？

午夜小提醒

每個人都有最適合自己做的事情，與其靠後天努力來做好自己不擅長的事情，你更應該花時間找到自己的天命，並且好好發揮。

02

人生就該立志和圓夢嗎？

有些人好像從出生就起就很篤定自己的志向，像侯默．海堪（Homer Hickam），受到蘇聯發射人造衛星的啟發，高中在家製作火箭，還差點把家給燒掉，成年後如願成為太空科學家。也有些人不清楚自己要做什麼，在成長過程中，順著別人的意思，卻也小有成就。還有一些人，不清楚自己要什麼，卻只想做自己想要的事情，結果人生就像被凍結了一般，沒什麼進展。

《靈魂急轉彎》中的主角喬，並非很早就知道自己對爵士樂的興趣。有一次父親強拉著他去聽現場的爵士樂表演，從此對爵士樂一見鍾情。這並非完全不可能，但是對自己的志向很清楚的人本來就極為稀少，只是這些人的影響力被放大了，以至於我們會覺得不瞭解自己的志向，好像是很糟糕的事情。

志向、夢想在華人的世界中，更是一個沉重的包袱。即使到了現在，不論是在臺灣，還是在海外的華人，都還是背負著父母親友的期盼，似乎總要有個好工作、賺大錢，才能光宗耀祖。很多華人可能一直到了成家立業，都沒有真正想過他自己要的是什麼，他只是在成就其他人希望他成就的事情。

志向是什麼？

在進一步討論到底該怎麼看待志向這件事情之前，或許我們該先梳理清楚，到底什麼是志向。

日本有一個人叫森本祥司，離開原本的工作崗位後，他想試試看當個什麼都不做的陪伴者。一開始，只要你有需求，並且支付旅費，他就會免費提供陪伴服務。二〇二〇年開始，因為業務量太大，他才開始收費。你可能會覺得，當一個什麼都不做的陪伴者，怎麼可能成為志向？但他這兩年多，就一直在做這件事情，也小有一些成就。所以，只要一件事情是你喜歡做的，都可以是你的志向。

但是，要怎麼找到自己喜歡做的事情呢？你不一定要很早就找到自己的志向，但是你不能停止探索，覺得自己對什麼都沒興趣，就渾渾噩噩過日子。只要你持續去探索，就有機會找到那件你喜歡的事情。

持續探索比及早確認志向更重要

至於為什麼說不一定要很早就找到自己的志向，那是因為早點找到和晚點找到各有優缺點。《靈魂急轉彎》中的喬，因為在中學就認定自己要成為一個爵士樂樂手，所以滿腦子就只想著當樂手這件事。這雖然讓他可以在音樂上有很好的發展，但也侷限了他的思考，他的生活中似乎只有音樂，別無其他。相形之下，22因為還沒有確定自己的志向，所以他帶著開放的心態來看待這個世界，即便是寄生在喬的身體，他也開拓了很多可能性。

權威財經雜誌《富比士》發行人里奇．卡爾加德（Rich Karlgaard）出版過一本書《大器可以晚成：當世界沉迷年少得志，耐心是你成功的本事》（*Late Bloomers: The Power of Patience in a World Obsessed with Early Achievement*），內容主要在談，你不一定要急著找到自己的志向、早早就發光發熱，書中也提到**好奇心、探索和發現才是他的最大驅動力，只要願意持續保持這樣的心態，那麼晚點確立志向，或許也不是件壞事呢！**

心理學小科普

有志向，並且監控自己的進度，讓你更容易成功

雖然大家常常在歲末年初，訂了一些自己一年之後也無法實現的目標。但是，研究發現，如果要達成的目標不是那麼遙不可及，那麼制定目標本身，就能大大提升你達成目標的機率（33%）。如果你擔心制定目標還不夠，那麼你就要持續監控自己的進度，這件事情也有助於達成目標。有研究顯示，目標的制定對於能否達成目標的影響比較大；然而，自我監控則對於自我效能，以及正面情緒有益。所以，如果想要圓夢，就要先幫自己制定一個比較可行的夢想，並且追蹤自己的進度，那麼你就離這個夢想更近了。

生命中最重要的事

前面我們談了志向和夢想，但是一個人生命中最重要的事情，就是完成自己的抱負、幫自己圓夢嗎？答案恐怕不是這麼簡單。

很多時候，我們會認為某件事情很重要，覺得非完成不可。但是，在完成之後，反而有一種空虛、落寞的感受。為什麼呢？

可能是因為這件事和我們預想的不大一樣，也有可能是因為我們頓時失去了人生的方向，但我自己覺得最主要的原因在於：我們自始至終都放錯重點。**做一件事情的**

過程，帶給我們的啟發，其實遠比這件事情的結果重要。只是，我們往往忽略了欣賞過程中的美好，而只專注在最終的成果。

也就是說，生命中最重要的事，或許根本就不該是一個具體要成就什麼，而是時時刻刻都能夠享受生命的美好。

要這般灑脫真的很不容易，特別是當你已經成年，要為自己負責之後。沒有工作，就沒有收入，就沒有辦法繳房租、沒辦法和朋友去外面餐敘，當然也沒辦法去看電影、旅行……。如果一個人的人生重心，就放在體驗、享受人生，肯定會被其他人當成異類，認為他不切實際，不肯為自己的人生負責。

但是，從另一個角度去想，你過著睡醒就上班、下班倒頭就睡的生活，雖然收入優渥，卻根本沒時間好好坐下來看本書、吃頓飯，因為工作忙碌，你吃東西總是隨便吞幾口，往往回家倒頭就睡。這樣真的有比較好嗎？

有個心理學研究調查了二十～八十歲的人對生命價值的追求，結果發現，六十歲是一個關鍵，這個年紀的人最清楚自己存在的價值，也比較沒有找尋價值的需求。比這個年紀更老或更小，尋找價值的百分比都會提升。

也就是說，這是一個持續在進行的過程，每隔一段時間，你就該檢視一下自己的狀態，做一些調整，就不會迷失在人生的旅途中。

人生想一想

在我們的文化中，好好聽話似乎比圓夢更受到肯定。久而久之，我們好像失去了作夢、圓夢的能力。如果你不知道自己為什麼而活，那麼你在遭遇挫折的時候，肯定很容易就會失去動力。相對地，如果你知道自己想要做什麼，那麼就算遇到再艱困的挑戰，你都不一定會因此停滯不前。要知道自己的志向，聽起來很難、實際上也不容易。但是，你不需要一開始就有一個很明確的目標，可以先從一個大方向著手，透過不斷的體驗、修正，逐步找到自己的志向。

午夜小提醒

寧願當個暫時沒辦法圓夢的人，也不當一個沒有夢想的人。

03

做自己，還是符合社會期待？

在我的系上，每位老師分配帶一個班，而我帶的導生班要畢業了。面對即將畢業的不確定性，學生有很篤定方向的，像是要繼續念研究所；有的雖然也是要念研究所，但其實根本不知道自己想要念什麼；也有一些是打定主意畢業後就要去工作，也獲得了幾家企業的工作機會；也有一些人，沒那麼想要工作，但家裡有事業，被叫回家準備接班。最後就剩一些逃避面對研究所、工作的學生，故意延畢，認為還需要更多時間來思考自己的未來。

畢業前的掙扎與規劃

我想起自己當年要畢業時，同樣有不少掙扎。我爸爸問我，「你大學畢業後想做什麼？」我那時候其實很慌，因為我大學的成績很差，念的科系是我不感興趣的。大學要畢業了，真的沒有辦法依據自己的專業來找工作，連要考研究所都很勉強。不過，我在大三的時候就蠻確定自己想往心理學的方向發展，而就我當時的理解，我這種門外漢肯定要念一個碩士班，才能夠跨到心理學領域。只是，念完碩士之後要幹啥，我並沒有自己的想法。

所以那時候我就跟我爸說，「我的短期目標是要考上心理學研究所，遠程目標應該是念個博士，然後去大學當老師吧！」當時會這樣說，完全只是因為我根本沒別的想法，認為念了博士就只能夠去大學當老師。

現在回頭看當年我的規劃，表面上看起來是在做自己想要做的事情，實際是依照社會的角色腳本來決定自己該做的事情。我前面提到的，那些聽爸媽建議考研究所的學生也好、回去接管家業的學生也好，跟當年的我一樣，都在做符合社會角色期待的事情。

心理學小科普

社會角色理論

社會角色理論的概念，大概在一九二〇年代才被正式提出，喬治·賀伯特·米德（George Herbert Mead）的一些理論被認為是社會角色理論的前身。

根據社會心理學家的區分，幾種人類社會角色比較熱門的分類方式包括：第一種是依據功能，這也是最主流的分法，我們會依據這個人的功能來做分類，像是我們在社會上會有不同職業區分的概念一樣；第二種是依據象徵性的互動模式來做分類，也就是說，你的角色可能是一個人的好朋友、一個人的兒子，至於好朋友或是兒子要扮演什麼樣的角色，會隨著情境以及和這個人的關係呈現一種動態平衡；第三種嚴格來說不算是分類方式，而是去探討到底人為什麼會扮演怎麼樣的角色，認為人們會想要模仿別人、對於角色有所期待、或是認為自己該扮演什麼樣的角色。

先確定自己的想法

我們常會覺得西方社會的人比較能做自己而不會受到束縛，其實是誤解。西方社會只是比我們的社會更有包容性，所以允許有更多不同的社會角色。就像我十幾年前在英國念書的時候，勾選性別就有好幾個選項，而不是只有男、女兩個選項而已。

他們雖然對於角色比較有包容性，但是對於每個角色要如何扮演，規範其實蠻嚴謹的。我記得在英國念書時，有一次要辦一個手續，需要系上秘書簽名同意，可是那天秘書不在，沒有辦法辦理。我心裡有點不高興，但是我同學告訴我，英國人做事就是每個人有自己的本分，大家都不會逾越自己的角色。後來習慣了，我覺得這樣一板一眼的做事風格，其實不是不通情理，而是對每個人角色的尊重。如果這件事由誰負責，只要他不在且沒有授權給其他人，那麼就要等這個人在的時候，才能決定事情該怎麼做。

所以，在決定要做自己，還是做社會期待的自己之前，可以先思考一下，到底自

己是因為不想做社會期待的自己，或只是想做一個社會還沒有期待的角色。比如說，妳可能是想要當一個很有事業心的女生，並不是要刻意違反社會期待，妳期待自己這樣的角色能受到社會認可，只是剛好我們的社會對這樣的角色還沒有足夠的包容性，所以妳就陷入了那種到底要做自己，還是不要做自己的糾結。

我自己的選擇

在大學念生命科學系的時候，系上實驗室的實習多數是要觀察很細微的細胞、DNA等等，但我不太能接受要去實驗室實習。在被迫去了一年之後，我覺得自己實在沒有辦法繼續做這樣的研究，特別向系上爭取，也要讓我們可以去不同類型的實驗室學習。

因為我很喜歡看電影，大學時期也想辦法往這條路前進，所以去當了電影公司的在校代表，幫他們貼海報宣傳、或是賣賣電影票之類的。我也參加過電影《玩命關頭》（*The Fast and the Furious*）第一集的企劃宣傳。甚至我還去電影院算過買票人數，因為公司擔心有電影院會少報銷售的票數，一天看了同一部電影好幾次。湯姆．克魯斯（Tom Cruise）來臺灣的時候，我還是協助維持秩序的工讀生。

從我念大學的過程就看得出來，一直以來，我不太在意別人怎麼想，就是做那些我覺得自己想要做的事情，當然前提是這些都不會傷害到別人，所以我也沒有太多顧慮。現在我在大學當老師，坦白說，我做的事情也不太符合社會對於大學老師的期待，或至少不符合學校對老師的期待。以學校的立場，會覺得老師應該好好做研究，多寫點學術論文。但是我認為，大學老師最重要的任務應該是傳遞知識，不論是把知識傳給學生或社會大眾。

所以，我基本上花很多時間與精力在做這樣的事情，這樣做雖然也有不錯的收穫，但同樣有缺憾。比方說，因為我沒有扮演好社會期待的角色，所以也無法獲得這種角色會得到的報償。假設我好好做研究，那麼我應該會有不錯的論文發表，然後會拿到研究經費、得到研究獎勵等等，這些都是我現在比較難獲得的。

人生
想一想

- 做自己其實要付出很多代價，所以請務必想清楚而不要貿然行動。不少人想要做自己，只是對現狀不滿，並非已經清楚自己的決定。或只是看到別人很容易獲得社會認可的成功，所以就想要去做那件事，認為那就是自己真正想要的。

- 假設你的狀況是還沒想清楚自己要什麼，那麼我建議，你可以想想怎麼在滿足社會期待之餘，也可以滿足一下自己的期待。這樣你就可以不用負擔那麼大的成本，也能夠體驗一下做自己的感受。如果持續一段時間之後，覺得真的找到自己喜歡的事情，而且能力足以轉換跑道了，那麼再切割社會期待的角色，其實會更合適。

午夜小提醒

社會能夠進步，靠的不是每個人是否能夠做自己，而是我們是否能夠滿足對彼此的期待。

04

選擇絢麗，抑或平淡？

我發現，在這個年代，大家似乎越來越看重短暫的享受，彷彿只要追求那短暫的快樂，生活了無遺憾。很多人在追求絢麗新奇的事物時，其實沒有深入思索，自己能否承擔追求特殊事物的代價以及後果。

這件事其實相當複雜，包含了為什麼絢麗新奇的事物會讓我們著迷，以及在面對絢麗燦爛與穩定平實之間，我們到底又該如何選擇呢？

限量版更好？

為什麼光鮮亮麗的事物，會讓人著迷呢？

有幾種可能：一個就是這東西真的很美好，而我們喜歡追求美好的體驗。而且，如果這個東西存在的時間越短暫，我們就會越想要擁有它，因為擁有稀缺的東西，會讓我們有種莫名的優越感。

很多消費心理學的研究都顯示，當一個東西標記為限量，人們就會更加渴望它。甚至有時候這樣東西根本不是你需要的，你也會因為它限量而想要擁有。這一點，我自己有很深的體悟，因為我很喜歡點限量餐點，即使這種餐點價格比較高、也沒有品嘗過。會出現這樣的行為，就是受到「限量」概念的影響。

有些時候，我們不一定知道自己在追求的事物，是否真的夠絢爛，有可能只是因為別人都說那個好，就覺得自己也該去體驗一下。二〇〇八年我在美國工作的時候，特別帶著老婆去紐約跨年，心想難得到了美國工作，就該跟著大家一起到時代廣場去跨年。其實，除了知道人很多之外，我並不明白在時代廣場跨年的特點到底在哪？我們大概晚上八點左右抵達紐約，老婆覺得時間晚了，想要確定究竟有什麼值得期待的，再評估要不要去。

我搜尋了一下，原來倒數的時候會有一顆水晶球從上方降下。太太一聽，當機立斷不要去看，因為天氣實在太冷了，她覺得在酒店休息看轉播比較實際。到了接近倒數時分，我們轉到直播頻道，看了好久，我都沒看到水晶球在哪裡。原來所謂的水晶球，就是一顆比籃球還要小的球，從一個高臺降下來。

即便一個經驗真的很奇特，對你也不一定利大於弊

哈佛大學的吉爾博教授做過幾個研究都證實，若只有少數人有絢麗的經驗，那麼對擁有這種經驗的人來說，壞處反而比好處多。

心理學小科普

新奇對於大腦的影響

絢麗的事物，很多時候是因為新奇，所以讓人著迷。從大腦運作的觀點來看，這完全合情合理。我們的大腦是一個很節省能源的器官，所以當它判定一樣東西是舊的，那麼它就會驅動既有的處理系統來運作。倘若這樣東西反覆出現，大腦的反應甚至會越來越不明顯。相對地，如果大腦判定這是一樣新奇的事物，就會特別有反應，因為它想要知道，這個東西可能為自己帶來什麼好處以及壞處。有一些人因為性格的關係，更著迷於追求新鮮的事物。

其中一個實驗把被試分成三個人一組，每個人都會先看一段影片，但其中有一個人看的影片和另外兩個人不同。看相同影片的兩個人，其中有一個會被指派為說故事的人，要在實驗後半跟另外兩個人分享這段影片的內容。

也就是說，每組的三個人各有不同角色：第一個人看了A影片，且必須針對影片內容跟另外兩個人分享；第二個人看了A影片，只要聽第一個人分享即可；第三個人看的是B影片，同樣要聽第一個人分享A影片的內容。

結果，第二個人雖然跟分享者看過同樣的A影片，但是他依然覺得第一個人的分享讓他感受比較好。這或許有部分是因為，和另一個人共享同樣的經驗。但吉爾博教授認為，**主要是因為我們聽熟悉的故事時，所耗費的認知資源比較少，所以會有比較愉悅的感覺。**

這個研究還有另一個很有意思的發現，就是當他們請負責分享的人預測，到底跟他看同樣影片還是跟他看不同影片的人聽了他的分享之後，會有比較愉悅的感受，結果分享者大多誤判看不同影片的人感受較佳。

不過，大家也別急著下定論，覺得還是過平凡日子就好，不要追逐什麼特殊體驗。來自美國康乃爾大學的研究發現，陌生人若分享了一種獨特的經驗，相較於分享一個普通經驗，更能夠促進彼此間的親密程度。這一點，我就有個印象深刻的經驗：有次參加一個聚會，要跟不認識的組員們分享一個自己最獨特的用餐經驗，我分享了之前去京都旅遊，因為孩子要借廁所，陰錯陽差去了一位米其林餐廳主廚自己開設的甜點店。想不到，有另一位組員也去過這間甜點店，我們因此快速熟了起來。

一瞬間的燦爛，值得花多少心力去追逐？

前面跟大家分析過，光鮮亮麗的事物對我們到底是好是壞。接著來討論一下，為了得到這類的事物，到底該付出多少代價。

首先，**我要提醒大家，真的不要把華美的事物想得太美好，否則你可能會付出很高的代價。**

加州理工大學和史丹佛大學曾經做過一個研究，他們讓被試喝下同樣的紅酒，但是他們告知其中一半的被試這款紅酒是比較便宜的，告訴另一半的被試這款是限量的紅酒。即使紅酒一模一樣，那些被告知紅酒是限量款的，會覺得紅酒更加可口，而且從腦部掃描的結果也顯示，限量紅酒帶給他們的感受更好。

這結果聽起來很嚇人，因為只要你預期一樣東西比較好，你就會覺得它是比較好的，也會願意負擔比較高的成本。

第二，我們在投入很大的成本之前，要想清楚一件事，那就是到底這個體驗能持續多久。我想先潑大家冷水，即使再美好的體驗，總有回歸平靜的一天。在心理學中有個概念叫趨向平均值（regression to the mean），就是說，我們的行為都會有趨向平均值的傾向，所以如果你一開始表現太差，那麼你接下來有比較高的機率會進步，趨近於平均；相對的，如果你一開始表現很傑出，那麼你接下來有很大機率會退步，同樣也是趨近於平均。**也就是說，在壯闊美妙的經驗之後，我們有比較大的機率會走下坡。**

日子過得四平八穩的人，往往羨慕那些高潮迭起的人生；很諷刺的，那些生活光鮮亮麗的人，反而渴望平平淡淡地過生活。得不到的永遠是最吸引人的，這是你要不斷提醒自己的事情。

平淡也好、波瀾壯闊也罷，都各有利弊，在選擇之前，想清楚，自己的選擇是否真的利大於弊。千萬不要因為那個選項在當下更有吸引力，就毫不猶豫做了選擇，你有很高的機率會後悔。沒有人能告訴你，也不應該有人告訴你，人生該怎樣才是對的。

午夜小提醒

與其相信瞬間即是永恆，我更相信活在當下。

05 階層高低有關係嗎？

有一天我家老二氣沖沖跑來跟我說：「我再也不要跟那個某某某當朋友了。」因為這個某某某和老二是蠻要好的朋友，我問他怎麼回事。他說：「都是你的錯……」我心想，你跟朋友吵架，幹嘛扯到我？我都還沒問原因，他就說，「還不都是因為你錢賺太少，沒有幫我買新玩具，他說如果我沒有買到最新的玩具，就不跟我一起玩了。」講完之後，老二就哭了起來。

那天我有點感慨，孩子怎麼會因為玩具就跟朋友鬧不愉快呢？但仔細想想，自己好像也會因為別人開好車、住豪宅而感到不舒服，覺得自己不如別人。連我們大人都會有這樣的感受，又怎麼能苛責孩子呢？

階級的必然性

我在美國當博士後研究員的時候，有兩位印度同事，他們還一起住，等於是整天都相處在一起。我本來以為他們兩個人應該感情還不錯，後來有次跟其中一個印度同事聊天才知道，原來他們屬於不同種姓階級，另一位屬於比較高階種姓。因為種姓的關係，他們之間的互動有點卡卡的。他跟我說，如果在印度，他根本不可能跟比較高種姓的人一起住。當時我有點訝異，覺得都已經二十一世紀了，怎麼可能人們還這麼重視來自家族的種姓制度。

對於有群居習慣的物種來說，有階級是必然的事情，因為這樣對族群來說才是有利的。社會階級決定動物能吃飽還是會餓死、有後代還是無法生育、會受到保護還是會被推到狼群面前。對群居的動物來說，階級地位或許就像重力，看不見卻又影響甚鉅。

心理學小科普

社會階層的影響面

英國卡爾地夫大學的安東尼．曼斯蒂亞德（Antony Manstead）教授，曾在二〇一八年發表一個研究。他發現，階層較低的人比較缺乏自我控制感，會傾向認為自己無法改變環境。再者，相較於中產階級，工人階層更有同理心。另外，他也發現，現在的高等教育環境，是以中產階級為主，而這樣的現象會讓其他階層的人感到格格不入，導致無法透過教育獲得階層翻轉的機會。所以，階層的存在，絕對不是只對感覺層面有影響，在人的思考模式、行為偏好上都會產生影響。

為什麼會因為階層而感到焦慮？

如果階層在群體中是必然的，那為什麼我們要因此而焦慮呢？我覺得根本上是因為我們不希望跟別人不一樣。若是周邊的人都是階層比你高的，或是比你低的，都會讓你有焦慮的感受。因為你會覺得和這個人有代溝，不知道要怎麼和他打交道。

另外，我們可能從小到大都接觸了很多對各個階層的刻板印象，以至於對跟自己階層不同的人有不少誤解。其中的一些誤解，又會間接讓我們感到焦慮。比方說，你可能一直被教育說階層高的人都很自我中心，不會考慮別人的感受。結果你被分配要跟一個階層高的人合作某件事，你可能就特別忐忑，很擔心能否跟這樣的人好好相處。

但是要做到一視同仁，真的非常不容易。因為不同階層的人，有各自習慣的生活哲學，有時還真是天差地遠。像我有個比較富裕的朋友，有次說要招待我吃飯，謝謝我之前的協助。那頓飯，一個人的餐費就要六千元，我心想，用這樣的錢，我們一家四口都能在別的餐館吃得很滿足了。

不知道大家有沒有發現，為了避免因為階層不同帶來的尷尬，你會比較傾向跟自己狀態差不多的朋友互動。因為這樣的互動比較自在，不會覺得委屈了自己。但不得不跨出這舒適圈時，確實會讓人容易擔心自己的作為是不是會讓對方不舒服，或是對方是不是會讓自己覺得不如他們之類的。

社會階級流動的可能

要從低階層往上爬，真的不容易。你沒有辦法轉換自己的階層，並不全然是你的錯，跟大環境也有很大的關係。世界經濟論壇在二〇二〇年出版了一份報告書，當中針對五個指標，來評判一個國家的社會階層是否容易變遷，也就是你的努力是否有機會帶來改變。

這五個指標分別是醫療、教育、科技涉入、工作機會、社會福利體系。在八十二個評比的國家當中，前五名都是北歐國家，依序為丹麥、挪威、芬蘭、瑞典、冰島。美國是第二十七名，中國則是第四十五名。這可能和大家的印象有點不一樣，因為不管是中國夢或是美國夢，都是「只要願意努力，你就可以成功」。

為什麼北歐國家的社會階級比較容易流動呢？一個很大的關鍵是，高稅收，以致個人財富之間不會有那麼大的差距。也因為有高稅收，所以社會福利好，人們在各個方面都能受到不錯的照護。只是因為現在世界是一個地球村的概念，北歐國家這樣的制度也受到不少挑戰，比方說收入比較高的人，可能就會選擇移民到其他國家，以便擁有較多的個人財富。

想清楚你期待自己在怎麼樣的位置，如果和自己的現狀有落差，就要好好規劃怎麼努力。只是如果你把自己定位在非常高的階層，那就不一定能靠自己的努力就實現，運氣也扮演著一些角色。

如果可以，我喜歡一個大家都平等的社會。但是坦白說，我覺得當一個群體的數量到達一定的程度，階級制度就有存在的必要性，不僅對人類來說如此，對動物來說也是。所以，與其去抗爭階級制度不該存在，更可行的做法是，認真思考制度可以怎樣改善。若既得利益者願意放棄自己的利益，那麼制度就更有機會更完善。但要把已經放進自己碗裡的東西夾給別人，還真不是一件易事。

午夜小提醒

我們或許無法改變階級制度，但我們可以讓制度運作得更完善。

06 人生的痛苦都是自找的，為什麼要自找苦吃？

我想問大家幾個問題：如果現在你可以選擇做兩件事情，其中一件，做了之後會讓你快樂；另外一件，做了之後會讓你痛苦。請問你要做哪一件？我想多數人應該都會選擇去做那件做了之後會讓自己快樂的事情吧？

我再問問你，如果有人願意招待你吃所有你喜歡吃的東西，想吃多少、就吃多少。這應該是會讓你快樂的事情，那你會不會想要這樣做。這答案就有點複雜了，對吧？有人可能就會擔心，如果自己拚命狂吃，不就會變胖，到時候還要減重，這快樂的事情似乎並不是真正讓人快樂的事情啊！

為了痛苦之後的快樂

就像前面提過的，**快樂的事情也有會讓你煩惱的面向；痛苦的事情，也有讓你幸福的部分。**可是，我們真的是因為這樣，才願意承受痛苦嗎？我不認為這是主要的原因。因為我們在做選擇的時候，往往不會思考那麼多。我們都是很表面的，比方說看到商品買一送一，往往不考慮售價就入手。或是看到打折幅度很大的時候，也會提高購物的意願。

那我們為什麼願意忍受痛苦？原因更有可能是，我們其實是在追尋快樂，只是這個快樂伴隨著痛苦，以致表面上看起來，像是我們在追求痛苦。**實際上，痛苦只是我們追求快樂的附屬物。**

就像一些人，願意寒窗苦讀多年，只為了在大考有個好成績。這並不是因為他們喜歡沉浸在書本中，而是因為他們知道，如果自己進入了名校，距離成功就不遠了。是對於成功的期盼，讓他願意忍受痛苦。或者，為什麼有人願意過著朝九晚九的日子，除了薪水之外，應該也是盤算著，哪天有升遷的時候，那個人會是自己吧！

如果不是很確定做了一個苦差事，一定會得到某些好處，應該沒有人會想要經歷什麼痛苦。這一點，在孩子身上特別容易看出來，如果做一件事情，沒有立即的好處，孩子們通常不會去做。但是孩子的學習能力很強，一旦他們知道做一件事，會經過一個痛苦的過程，但最終會得到他們想要的東西，他們就會願意承受那個痛苦。

又好比，你明明在關係中有點不開心，但是你怕自己如果跟對方抱怨，反而會落得分手的下場，所以就一直忍耐。結果，自己反而積累了更多的負面情緒。你若從這些經驗中有所學習，就會轉換自己看待快樂、痛苦的方式。像是，在關係中有什麼不開心的事情，要早一點想辦法跟對方溝通，溝通或許會讓雙方發生爭執，可能會讓你難受，但是長遠來看，這是好事，因為對方才知道你對某件事不滿，如果他願意為了你改變，那就會有好結果，若他不願意為你改變而分手了，對你來說也不是壞事。

也就是說，我們並不是刻意要去追求痛苦，痛苦只是過程中必經的過程。

心理學小科普

延宕滿足

所謂的延宕滿足，就是做了一件事情之後，不會馬上獲得好處，而是要過一段時間才能獲得。要能夠做到這一點，並不單純是動機，也跟能力有關係。因為必須要把自己做過的事情記下來，並且和讓你感到滿足的結果連結在一起，你才會更想要做那件事情。一個統合分析的研究也發現，延宕滿足的行為和智商是正相關，智商越高的人，越能夠等待遲來的獎賞。不過我要提醒大家，這並不表示無法延宕滿足的人，智商就比較低，因為還有別的因素會影響人們的延宕滿足行為。

為了看到盡頭的陽光，就該忍受無限期的痛苦嗎？

雖然說我們之所以會願意忍受痛苦，都是因為看到痛苦之後會有快樂，但這不表示你就要為了最終的快樂，而一直承受痛苦。在我們的文化中，鼓勵大家要吃苦，而不要太看重享樂，因為享樂終究會帶來壞處，而吃苦最終會得到甜蜜的果實。

我不認同這種吃苦耐勞的做法，甚至覺得這是一種陰謀，是一種為了讓大家甘願當社畜的說法。

我有個朋友，在一家企業工作了十年，算很資深的員工，可是他的職級並不是很高。每次績效評估的時候，他的主管都跟他說，只要他做到哪些事情，就可以升官。但是每次公告晉升名單，總是沒有他的名字。一開始，他覺得是自己還不夠努力，直到有一次，比他晚進公司、在他眼中也沒有自己努力的同事都升官了，他還是沒有升官，他才死心。他後來憑藉自己豐富的工作經驗，到另一家企業去當小主管，收入比之前多了一倍。從這個例子就可以發現，努力和獲得不存在著等比關係。**所以，你要多沙盤推演，多去想想不同的可能性，寧可多想一點再做，也不該催眠自己，只要努力，有一天自己一定會得到自己想要的東西。**

做評估的時候，還需要考慮一件事：是否有一些付出，會造成不可逆的後果，例如，你必須犧牲和家人相處的時間，如果家人是小孩或老年人，那麼你很有可能沒辦法彌補和他們相處的時間，因為小孩對你的依附程度會隨著年紀逐漸減少、老人的健康可能每況愈下。

不追求快樂就不痛苦了嗎？

那麼，如果不追求快樂，是不是就不會痛苦了呢？很遺憾地告訴大家，並不是這樣的。

生活中難免會有一些意外。哪一天你可能因為太著急而跌倒受傷，在這種情況下，你雖然沒有在追求快樂，但也會因此感到痛苦。

所以關鍵不只是要避免自己與痛苦接觸，而是一旦發生這樣的狀況，我們可以用什麼方式來面對。我認為心態會是最關鍵的因數，就像在疫情嚴峻的時期，你如果被迫失業，你要怎麼面對。你當然可以選擇看到自己的損失，讓自己活在痛苦中。只是，這樣的做法並不會改善你的狀態。

如果你把這段時間看成一個轉機，藉著失業時期，學習一些自己過去想學、但沒有時間學的東西，說不定你之後就可以轉換到一個新的領域，或許會有很不錯的發展。

與其抗拒這種預期之外的痛苦，我們反而需要去感謝這些會讓我們痛苦的事情，因為這些都是讓我們成長的養分。

但是，我的意思真的不是叫大家要去體驗痛苦，而是希望大家可以用更正確的態度，來面對那些不可避免的痛苦。

人生想一想

有些人可能會覺得自己的痛苦都是別人給予，比方說，你可能有一個很喜歡管你的母親，即便你已經成年了，依舊要介入你的大小事。雖然親情難以割捨，但並非絕對不可以。只要理性交代清楚你的選擇，那麼也沒必要為了自己的割捨而愧疚。所以，就算你認為你的痛苦是別人造成的，你都不是完全沒有選擇權，只是你決定承受那些加諸於你的痛苦。人生承攬的痛苦已經夠多了，勇敢拒絕那些別人強加於你的痛苦。

午夜小提醒

不是所有的痛苦都會讓你成長，沒有好處的痛苦，能閃就閃。

07 愛美，錯了嗎？

在校園裡，有一個現象很有趣：剛入學的女學生一般都不太化妝，但隨著年級增長，會化妝的女生越來越多。我有次好奇問學生，她們不覺得化妝很花錢、又花時間，反正現在有那麼多美顏app，幹嘛要花時間化妝？學生馬上數落我說：「我又不是隨時都在濾鏡後面過生活，而且化妝好處很多，你這中年大叔不懂啦。」

有自信，顏值就高

我不否定顏值對一個人來說，真的很重要，畢竟在我們深度認識一個人之前，只能從外表來判斷這個人到底會不會讓我們想要跟他互動。

有個心理學實驗是這樣的：研究者把自己打扮成流浪漢，假裝昏倒在地上，看看多久之後會有人想去幫他。結果等了半小時，都沒有人去幫忙。後來，這位研究者穿上正裝，同樣假裝昏倒在地，沒過幾分鐘，馬上就有人上前詢問他是不是身體不舒服，需不需要幫忙。

另外，大家可能也聽過所謂的制服迷思，就是我們對穿制服的人會有莫名的好感。有部紀錄片《百樣人生》（*100 Humans*），就驗證了這件事情。他們找了一些演員，穿著制服或是休閒服，然後請一百個男女來跟他們聊天，並且幫這些演員打分數。這些打分數的男女並不知道這些人是演員，以為自己是真的在跟醫生、機師、清潔人員聊天。

結果發現，對於社經地位比較高的職業，像是醫生、機師，穿著制服會讓人有較高的評價。但是，如果是速食店服務員或是清潔工，穿上制服的評價反而會比較低。

雖然研究是看到制服會怎麼影響我們對一個人的評價，但也驗證了，我們很容易受制於一個人的外表而影響對他的評價。

我和太太在英國念書的時候，認識了一位女性藝術家。她有一次搭郵輪散心，遇上一個開服飾店的老闆。那個老闆說，「妳看起來很有自信，要不要來當我的服飾模特兒？」她有點驚喜，因為沒想過自己年過六十還能當模特兒。她跟我們分享那套照片，我們都覺得拍得真好，沒有刻意遮掩皺紋，但是你可以感受到她的容光煥發。**用自己最舒服的樣子，展現自信，就能讓你有最高的顏值。**

心理學小科普

美和胖瘦的相關概念可以改變

長年來，瘦就是美這樣的概念深植人心。但是，這樣的念頭並不是沒有辦法改變的。有法國心理學家，利用連結學習的方法，讓參與者把肥胖與美連結在一起，或是瘦與美連結在一起。結果發現，那些把肥胖與美連結在一起的人，會改變自己對於肥胖的隱示態度，變得比較正面。此外，這些參與者對於自己外表的焦慮程度，也會因為這個連結學習的訓練而下降。但是，那些把瘦與美連結在一起的，對於肥胖的隱示態度則變得更負面。所以，你常把什麼和美連結在一起，就會影響你的態度。

為什麼會有顏值焦慮？

顏值焦慮可以從幾個方面來看。第一個是跟演化有關。為了要繁衍後代，動物要想辦法吸引對象。在動物界，顏值焦慮比較高的，應該是雄性，不少雄性都有一些美觀的特徵來吸引異性，像是孔雀的羽毛，或是鹿角。

在人類身上也是如此，有一些屬性是跨種族文化均適用的，像是臉的對稱性，通常被認為是身體健康的指標，也因此，我們內在會有一個驅力，會想要去追求那些看起來臉是對稱的對象。另外還有一個屬性就是音調，雄性偏好找音調高的女性，女性偏好找音調低的男性。

為什麼會有顏值焦慮呢？很大一部分是跟青春期有關係。在青春期，青少年很容易以自我為中心，覺得大家都在關注自己，所以對自己的各個方面都特別關切。顏值，因為涉及到第二性徵的發育，更容易引發焦慮，因為青少年會覺得自己跟別人不一樣就是不好的。不論是身高比較矮，或是不明顯或過於明顯的第二性徵，都會造成焦慮。

所幸，對於多數人來說，這樣的焦慮在步入成年期之後，會逐漸改善。但是，現在因為網路的發達，我們有太多機會接觸到別人、特別是那些外表漂亮的明星藝人的照片。看越多，對顏值焦慮的影響越大。

有很多研究都有這樣的發現。一個針對三十九位女大學生所做的研究，她們會看到二十四個不同的廣告，其中十二則廣告中有身材姣好的模特兒，另外十二則廣告中則沒有模特兒。另外，他們也控制了廣告的類型，有一半的廣告跟身材有關，一半的廣告則跟身材無關。

這些女大生看完一種類別的廣告，比如說看了有模特兒且跟身材有關的廣告之後，會評定自己對外表的焦慮程度。他們發現，廣告的類別對於外表焦慮沒有影響。但是只要廣告中有出現好身材的模特兒，這些女大生的外表焦慮就會升高。

高顏值的吸引力

除了自信，顏值對一個人的吸引力也有很重大的影響，人們在看到顏值高的人的時候，就很容易被這些人所吸引。外貌好的人，會被老師認為比較聰明、乖巧，一些非客觀的成績也會獲得比較高的分數。出了社會之後，顏值高的人比較容易在面試過程中拿到工作，薪資上也有10～15%的優勢。

之所以會有這麼廣泛的影響，是因為月暈效應（halo effect）。所謂月暈效應，指的是當我們對一個人的某個特性有好或是不好的看法時，這樣的態度會影響到我們對這個人其他方面的評價。也就是說，一個外表姣好的人，因為讓我們覺得他有吸引力，我們對這個人其他方面的評價也會比較好。

人生想一想

雖然重視外表感覺很膚淺，但是很多時候我們只能透過外表的第一印象來做判斷。**如果你不希望自己被外表所耽誤，就該認真思考一下該怎麼做形象管理。**倒不是說，你一定要把自己打扮成帥哥、美女，而是想辦法讓自己的外表展現你的優勢。我鼓勵大家在自己的外表上投入一些資源，但我也要提醒大家，在評價別人的時候，不僅要看他的外表，而是要盡可能去認識他的真面目，才不會做了讓自己後悔的決定。

午夜小提醒

每個人都有責任讓別人以貌取你，讓他們因為外表而對你有好感。

08

我就喜歡小確幸，不行嗎？

我們現在經常聽到「小確幸」，甚至已經有媒體開始抨擊年輕人只顧著小確幸，而忘了要努力。你之所以會有小確幸的感受，是因為你自己心中有一個特定的規範，你自己定義什麼是小而確定的幸福，是你自己在內心衡量的一個標準。像是對村上春樹來說，他的小確幸就是耐著性子激烈運動後，來杯冰涼啤酒的感覺。

在我的理解中，小確幸就是一種生活中比較小的幸福感受，跟遵守個人規範沒有太大的關係。我甚至覺得，現在小確幸有點被汙名化了，只要有人提到他要追求自己的小確幸，似乎大家就會覺得，這個人沒有遠大的抱負與夢想，只想要在生活中尋找簡單的小快樂。

你怎麼看待小確幸？

有次上課我問學生，社會上有一種說法，就是年輕人都在追求小確幸。你們認同嗎？在你們心中，小確幸又是什麼呢？

多數學生認同他們就是在追求小確幸，只是每個人追求的不太一樣，有人的小確幸是可以吃到想吃的食物；有人的小確幸是終於有一天不需要準備考試；有人說小確幸是可以獲得老師口頭的肯定。

請大家想想，過去你在生活中，是否有那麼一些片刻，覺得自己是在追逐所謂的小確幸呢？你當時是為了什麼原因，而選擇去追逐小確幸呢？

我認為可以分為三種，第一種是只有能力追求小確幸，所以只追求小確幸。不少人也知道有車、有房、成家很重要，但是一想到要達成這些目標所要付出的代價，就會覺得真的要這麼辛苦嗎？為了要省錢買房，結果每天生活拮据，到底值不值得？

與其生活過得很沒有品質，換一間地段不好的小公寓，他們可能更會願意花錢吃一頓好的，滿足自己的口腹之慾，或是花錢去買體驗，換一個難忘的回憶。

第二種是不知道有所謂的大確幸，所以只會追求小確幸。這個主要是孩子或一些沒有見過世面的人才會有的心態。坦白說，我覺得這些人還挺幸運的，因為他們容易滿足。

第三種是知道有所謂的大確幸，也有能力去追求，但是選擇追求小確幸的人。就像一些很有錢的人，並不覺得自己一定要開最好的跑車，而是選擇很一般的車款，因為這樣就能夠滿足他們的基本需求了。

追求小確幸的原罪

我想大家可能都聽過一個經典心理學實驗——棉花糖實驗，這個實驗似乎也說明，能夠忍耐是一件重要的事。

這是史丹佛大學的米歇爾教授在一九六〇年代做的研究，實驗很簡單，他們找了一些幼兒園的孩子來到實驗室，研究人員會擺一顆棉花糖在孩子面前，跟孩子說他要出去一下，如果他回來的時候，這顆棉花糖還完好無缺，那麼他會再給孩子一顆棉花糖。對於幼兒園的孩子來說，好吃的甜食是非常有吸引力的。他發現有不少孩子會忍不住吃掉棉花糖，有些則是會想盡辦法讓自己分心，不要把注意力放在棉花糖上。

米歇爾教授後來追蹤了這些孩子的學業成就、工作表現以及婚姻狀態。結果發現，那些可以忍住不吃棉花糖的孩子，在各方面都有比較好的表現。因為這個棉花糖實驗，讓大家重視一個人的自制能力，認為一個自制能力好的人，各方面表現都會更傑出。

我不否認，有自制力的人在做很多事情上都會有好表現。但是，只是忍住不吃一顆棉花糖，真的有那麼了不起嗎？事情可能沒有那麼單純。

心理學小科普

延宕獎賞的折現率（discount rate of delayed reward）

折現率是一個金融用語，是指將未來的現金流折算到當下所使用的利率。折現率越高，當下所要投入的成本就越低，但是也意味著未來的現金是比較不值錢的。這樣的概念套用在延宕獎賞上，是用來說明一個人究竟怎麼評估延宕的獎賞。如果一個延宕獎賞的折現率高，就意味著那個延宕的獎賞被認為是比較小的，因此選擇即刻獎賞的機率會提升、延宕獎賞的機率會下降。過去的研究發現，一些有成癮徵狀的人，延宕獎賞的折現率都比較高，且折現率和這個人的衝動傾向有顯著的正相關。

後來有研究改為在比較貧困的地區實驗，因為那些地方資源匱乏，所以孩子在看到有好東西的時候，絕對不會放過，這跟他們是否有自制力並不那麼密切相關。另外，也有研究發現，如果跟孩子解說實驗的是一個不守信用的人，那麼孩子也不會忍住不吃棉花糖。

也就是說，追求小確幸的人，不見得就能力比較差、自制能力比較低落。這背後的情況相當複雜，只是忍住小的好處，追求更大、更好的好處，比較符合社會善良的風俗，也因此受到吹捧。

該不該追求小確幸？

在給大家答案之前，我想跟大家介紹一個墨爾本大學的妮可・米德教授做的研究，她找了一百二十二位大學生，在六天的實驗過程中，這些大學生每天早上要記錄自己當天的待辦事項，每天晚上則要記錄自己那天的心情，以及預定完成的事情是提早完成了，還是有所延誤。除了早晚的紀錄之外，他們每天會在五個不固定的時間點，發訊息去問這些大學生，「你們現在是否剛經歷了讓你有點開心，或是讓你有點煩的小事情？」

結果他們發現，那些經歷比較多開心事情的人，當天的心情會比較好，而且也比較容易完成當天早上預定要完成的任務，甚至還會提前完成。

米德教授還分析了讓這些大學生情緒波動的事情到底是哪種屬性，結果發現很多都是和人際互動有關係的，也就是說，不是什麼了不起的大事，有可能只是在路上碰到許久沒見的朋友，或是跟朋友討論事情很有收穫等等。

順著這個研究結果，我會說**追求小確幸是可以的，因為讓自己開心，會更有動力去完成你該做的事情。**

可是，如果你成天都只做一些讓自己快樂的小事情，最終你不一定會是一個快樂的人，因為你會一事無成。

如果你是真心喜歡那些生活中的小確幸，也不會羨慕別人，那絕對可以追逐生活中的小確幸。不少真正佛系的人就是如此，他們享受生活中的簡單幸福，像是路邊的小花、一杯熱茶，或是抬頭看見皎潔的明月。他們不會覺得，自己怎麼過這麼簡樸的生活，只要衣食無缺，就心滿意足了。

- 如果你追求小確幸，不是因為自己喜歡，而是因為你覺得自己只有能力追求小確幸，那我就不建議你只追求小確幸。因為你等於是自我設限，或講更難聽一點，你是自我麻痺，欺騙自己。
- 如果你是看起來像在追求小確幸，但其實根本也不是發自內心喜歡，那你真的該停下來問問自己，到底自己在做什麼？想清楚了再去努力，否則只是一味的盲從，你可能會全盤皆輸。

午夜小提醒

小確幸沒有不好，只要你是真心想要小確幸。

Section 2

生活你我他

——自由自在，不受情緒困擾

人際關係好麻煩，可以不理會嗎？
能不能別讓負面情緒影響我？
為何一定要包容別人的錯誤？
放下心中千頭萬緒，不受情緒左右，
你也能成為情緒的主人。

01

見不著面，情感如何維繫？

因為新冠肺炎，大家或多或少都體驗了沒有辦法想見面就見面的鬱悶。我有一些學生來自馬來西亞等外地，他們因為擔心長假回家就回不來了，所以這兩年的寒暑假幾乎沒有人回家。如果你到現在都還沒有體驗過那種見不到親友的感受，你真的非常非常幸運。

我記得自己在英國念書的時候，因為有時差，加上各種限制，那幾年沒什麼機會能和家人好好交流。就連外公過世的時候，最後一面也見不上，每次想到就格外難過。

人際互動，線上線下有差別

我自己是人際互動比較不會受到線上線下影響的人，十多年前，我就和現在的太太用網路遠距維繫感情。我甚至有幾位朋友，從來沒有在真實生活中碰過面，但因為常在網路上互動，也不會覺得和他們的關係疏遠。反倒因為網路的即時性，讓我們可以快速交流一些彼此喜歡的事物，像我就認識幾位喜歡米飛的朋友，也曾經因為在一部電影的留言區留言，認識了同樣很喜歡那部電影的朋友。

為什麼有些人在人際交流中，不會受到線上或線下的影響，有些人則恰好相反呢？

心理學家們認為依戀風格是一個關鍵因素。依戀風格的由來是詭異情境實驗（strange situation experiment），這個實驗是媽媽和九到十八個月大的嬰兒一起參加的，過程中媽媽會先帶著孩子到一個房間，讓孩子自由在房間內探索。接著會有個陌生人進入這個房間，在和媽媽短暫交談之後，媽媽會跟孩子道別，接著房間內就只剩下陌生人和嬰兒。過了一段時間，媽媽又會回到這個房間。他們依據孩子和母親的互動，把依戀風格分成四種。

心理學小科普

依戀風格

依戀風格分為四種：第一種是安全依戀，媽媽在的時候，這些孩子會很安心的探索，也會和陌生人互動。媽媽離開的時候，剛開始會有點難過，但不會難過太久，在媽媽回來之後，又顯得很安心。

第二種是逃避依戀，這些孩子基本上忽略媽媽的存在。對於媽媽的離去或是回來，都沒有太大的反應，甚至會忽視媽媽回來的事實。

第三種是矛盾依戀，母親離開會焦慮，對陌生人會害怕，母親回來時會尖叫踢打，對環境少探索且難以安撫。

第四種，迷失依戀，則是指這些孩子對於母親的離開、回來，完全無感，甚至不太明白依戀是怎樣的一種狀態。這和逃避依戀不大一樣，因為逃避依戀的孩子，是刻意忽略、逃避依戀。

依戀風格對人際互動的影響

那麼依戀風格對人際互動又有什麼影響呢？

研究發現，安全依戀的人，人際互動最不會受到模式影響，也就是說，他們和一個人線上關係好，線下關係也會好，不會因為模式不同就改變了人際互動的程度。

對逃避依戀的人來說，基本上他們不喜歡和人建立依戀關係，所以線上人際互動基本上只會讓線下互動變得更差。好比一個有社交恐懼症的人，線上這種能讓他感覺很安全的方式，他都不太喜歡，線下和人直接互動，就顯得更可怕了。

有趣的是，對於矛盾依戀的人來說，線上互動對他們是有利的，甚至有可能會幫助他們改善線下的依戀關係。

除了依戀風格，還有一些因素會影響你是否一定要真正見到人，才能維繫好的人際關係。比如，你和這個人的親密程度，越親密的人，越有辦法透過線上方式來維繫關係。

但是，這也不是說你就可以完全不和親密的人見面，而是因為你們彼此之間的關係原本就比較穩固，比較不會因為見不到面而影響情誼。就像不少人雖然一年只見父母一兩次，也不會因此就變得像陌生人一樣。

面對面交流有什麼了不起？

即使線上聯繫很方便、很快捷，但時間長了，人們還是傾向於面對面交流。特別是教育類的活動，如老師和學生，不能一直上網課，需要實體上課。情侶也不能長時間異地戀，需要見面。為什麼面對面交流這麼重要呢？那是因為：

一、見面有肢體接觸、氣味等。

肢體接觸對我們有什麼影響？簡單來說，肢體接觸是一個提升共感的方法，像是媽媽把新生兒抱在懷中，會讓新生兒感受到媽媽的心跳，會讓新生兒比較平靜。有研究發現，平常不太和人有肢體接觸的人，若有機會和別人有肢體接觸，會降低孤獨感。**也就是說，肢體接觸和我們的心理幸福感有關。**

肢體接觸除了會影響心理幸福感，也會提升我們的生理健康。美國卡內基－馬隆大學的團隊曾經做過一個研究，他們記錄四百多位成年人，在兩個星期間所獲得的社交支持以及和別人擁抱的頻率。結果他們發現，那些比較常和別人擁抱的，比較沒有生病的徵狀，也就是說，**擁抱可以提升免疫力，促進我們的健康。**

大家應該不是因為想要提升自己的幸福感或是身體健康，才會想要和人有肢體接觸，而是因為已經習慣了這些人在你面前的存在感，可能是他握住你的手的那個穩重、踏實感，可能是他的咳嗽聲，可能是他常噴的香水味。**這些看似存在感很低的資訊，往往都能誘發我們和這個人的回憶，特別是那些深層的回憶，而這都是線上交流辦不到的。**

第二，面對面的時候，能夠即時、全方面和一個人交流。

我是一個和別人溝通前，都喜歡沙盤推演的人。因為我覺得一個人要為自己講的話負責，所以在說話之前，要先想想別人會有什麼樣的反應，以及這樣表達是否恰當。在線上互動的時候，基本上就可以這樣做，因為你可以想清楚了再回覆，不用即時反應。

即使跟別人通話或是視訊，你都不是毫無保留地在跟別人溝通，雖然線下溝通也不是完全沒有保留，只是程度上的差異。如果只是通話，對方看不到你的表情、你的肢體動作，單純從聲音不一定能夠完全掌握你的意圖以及想法。視訊或許好一些，但同樣的，還是有不少部分可以有所保留，像是可以美顏，或是在鏡頭拍不到的地方做一些別的事情等等。

有些時候，我們的一些意圖，特別是那些可能連我們自己主觀也還沒有意識到的意圖，就會透過語言以外的管道來跟別人交流。就像費洛蒙或催產激素（oxytocin）等，都會在我們沒有意識的狀況下釋放，並且對周遭的人造成影響。

人生想一想

我們之所以會覺得面對面很重要，一個可能原因是我們都習慣了這樣的人際互動模式。倘若從一開始，我們就是透過螢幕來跟別人互動，我們是否就會改觀呢？在即將進入元宇宙的此時，我們或許該多花一點心思去想想，哪些因素對於人和人之間的連結是不可欠缺的，而不是一味想要打造一個擬真的元宇宙。有些轉變或許不一定能取代原本的做法，卻會帶來一些新的可能性，相信這兩年的疫情都讓大家有很多覺悟。

現在人工智慧的技術，已經可以合成語音和影像，那麼要讓我們和已經逝去的親友交流，也不再是科幻影集《黑鏡》中才會出現的情節。我們現在就該準備好面對這些改變，而不是等到技術已經成熟了，才去想配套方案。

午夜小提醒

那些會因為時空而無法維繫的情誼，本來就不值得被珍惜。

02

見面就吵，還要見嗎？

見不著面要如何維繫感情固然很讓人傷腦筋，但也有很多人是為了跟家人見面就吵，或是一見面就被情緒勒索而為難。

每次回家就被情緒勒索，還要回去嗎？

不少人可能都有種矛盾的感受：一個人在外，不能一家人團圓，非常想家；但回到家裡沒幾天，就覺得家人嘮叨，比如催婚、催生小孩，或者開始列舉親戚朋友誰今年賺了多少錢，買了房買了車……等等，待不到十天半月，你可能就又想往外逃離了。**成年人跟父母之間，真的非常容易有衝突，關鍵在於父母的心態沒有轉變，始終覺得子女還沒有長大，需要被管教。**但從子女的角度來看，會覺得自己已經成年，可以為自己負責了，父母的介入讓人覺得很不舒服。想要改變父母幾十年的看法來認同你的觀點，其實並不容易。

如果換一個角度來看待父母所說的話、所做的事，你或許就不會覺得他們是在為難你。他們擔心你沒有對象，是怕你自己獨自生活沒有照應，怕你一個人在外地工作，突然發生什麼狀況，沒有人可以幫忙。他們擔心你賺的錢不夠，是怕你生活過得不好，如果哪天工作沒了，生活會陷入困境。他們希望你回老家，是希望彼此能有個照應，不是單純想要絆住你。如果換位思考，你做為父母，看著在外漂泊、天天熬夜吃外賣的子女，你是不是也希望他能別那麼累，過上穩定一點、沒那麼辛苦的日子呢？一旦你這麼想，就能體諒父母的嘮叨，更能心平氣和的跟他們溝通。告訴他們你已經長大了，能夠為自己的生活負責，未來的規劃是什麼，讓他們別再擔心。

心理學小科普

情緒勒索

想到情緒勒索，大家應該都會想到周慕姿心理師的書《情緒勒索》，不過這樣的概念更早就被提出，比方說卡爾·榮格（Carl Jung）的心理陰影概念，就是談一個人不舒服的感受，並非源自他人，而是因為當事人自己有一些心理陰影。蘇珊・佛沃（Susan Forward）在一九九七年出版《情緒勒索》（*Emotional Blackmail*），算是在心理學領域最早有人用這樣的詞彙，來描述一個人不願意面對自己的負面情緒，而是利用這點來控制別人的行為。佛沃認為情緒勒索包含三個元素：恐懼、義務以及罪惡感，情緒勒索的人利用這些來和被情緒勒索者互動。

逢年過節一定要回家嗎？

對老一輩的人來說，他們對於過年的想像，一直就是要一家人團聚吃團圓飯，那麼大腦中對於過年的腳本，就是家人團聚、吃團圓飯等等的素材。一旦少了什麼元素，就會覺得怪怪的，而我們的大腦不喜歡這種怪怪的感覺。就像你常去的餐廳改了裝潢，你會覺得不對勁，甚至覺得東西吃起來少一個味道。

也因為這樣的儀式感作祟，你只要能夠讓親人覺得儀式做到了，就不一定要回家過年！只是，要怎麼做到，恐怕就要多花一點心思了。比如同步餐廳（sync dinner）的概念，或許是一個可參考的做法。你可以訂購一套餐點送去老家，自己也訂同樣的餐點，然後大家一邊吃著同樣的餐點，一邊視訊，再加上同樣的音樂，就會很有儀式感，也打造出一家人團聚的感覺。

另一個原因，我覺得也挺關鍵的，就是年節是家人可以名正言順要求你做一些事情的時刻。他們可能平時就很想要你回家，想要瞭解你的近況，但是又擔心你太忙，所以忍住不提出這樣的需求。但是到了過年過節，他們會覺得這種時候應該沒問題，所以不會繼續忍耐，而會一次釋放自己積累很久的需求，也因此讓你特別有壓力。

面對這樣的狀況，我認為確實沒有必要逢年過節時回家。但是家人畢竟是家人，就算你覺得自己沒有需要他們的部分，他們還是可能覺得他們需要你。那麼，你至少

該肩負起這樣的角色，滿足他們的基本需要。

隨著時代變遷，父母對孩子的期待已經越來越少，你也不要太為難他們，偶爾當個好兒子、好女兒，也沒什麼不好。當你年紀更大，就會越來越感受到親情的重要性，父母年紀越來越大，你在他們身邊陪伴的時間會越來越短。

我也要給為人父母者一些建議，**很多時候父母對成年子女是很陌生的，你在對他提出要求的時候，是否想過，你有繼續給他什麼嗎？**不能只是一直說「沒有我們，哪有今天的你」，這種說法只會破壞彼此的關係。所以，花點時間瞭解子女的生活，想想有哪些地方是你們可以幫忙他的。簡單來說，不要只期待子女給你們什麼，也要想想你們還能給他什麼，有來有往的關係才會健康又長久。即使是父母和子女，如果只有一方給予，遲早也會出問題！

人生想一想

在所有人際關係中，家人之間的關係是最棘手的，因為這不是可以隨便不歡而散的。有些國家，父母依法必須照顧小孩，子女也依法要奉養父母，即使其中一方再怎麼不堪，也不能不做。或許因為少了可以斷捨離的選項，讓大家壓力特別大，也更容易陷入無限的負向迴圈中。可是，你也不是真的沒辦法割捨，只是這個衝擊可能比較大。若家人間的互動，已經對**你的心理健康造成極大的影響，那麼兩害取其輕，你也該勇敢割捨**。就像哈利・泰爾斯（Harry Styles）在描述被家庭忽略／虐待的一首歌〈Matilda〉當中寫到的：

You can throw a party full of everyone you know. And not invite your family 'cause they never show you love. You don't have to be sorry for leaving and growing up.

你可以為所有你認識的人辦一場派對，但是不邀請你的家人，因為他們從來沒有愛過你。你不需要因為自己的離開和成長而感到抱歉。

午夜小提醒

如果你一直都把別人對你的期待當作是應該的，有一天你會發現你不認識鏡中的那個人。

03

負面情緒怎麼消化？

我之前看了一部迷你影集《叫她系主任》（*The Chair*），是一部講美國大學教授工作、生活甘苦的影集。你不一定要是大學教授，但裡面很多情節相信都會引發許多人的共鳴，像是職業婦女，事業家庭兩頭燒的困境，或是在職場上不得不順應上級的不甘願。

當中有一幕讓我印象深刻，系主任經歷了一連串的不順利，忍不住在家裡的廁所大哭。出來之後，雖然她已經把眼淚擦乾，但在外面的家人都知道她哭過了，這時候，她領養的女兒跑來給她一個大大的擁抱，她頓時露出了幸福的笑容。

我之所以會對這一幕印象深刻，是因為有一次我很難過的時候，我家老二也跟影集中的女兒一樣跑過來抱住我，在我耳邊說：「爸比，你最棒了，我愛你。」雖然老二講的這些話，並不會解決讓我難過的困境，但這動作還有語言，就像有魔力一樣，讓我更有能量可以繼續面對生活中的挑戰。

負面情緒來源

負面情緒是怎麼來的呢？以系主任為例子，因為工作和家庭兩頭燒，讓她難以負荷，所以會有負面情緒。但是不少朋友都有這樣的處境，卻並非所有人都會因此而有負面感受，為什麼？

你可能會說，那是因為有人的情境沒有那麼糟糕，還在可以負荷的範圍之內。這是一個很合理的原因，可是真的如此嗎？想想看，你是否有和同事合作，結果因為事情沒處理好，兩個人一起被罵的經驗。那個時候，你和同事的感受是一樣的嗎？是否同事覺得沒什麼，但你覺得很難過；或是反過來，你覺得沒什麼，你的同事卻很難過？

另外，我們也會錯誤的以為，我們之所以會有負面情緒，都是因為遇上了糟糕的事情，所以不禁出現難過的情緒。確實，遇上一些事件，像是親人過世，或是突然丟了工作，負面情緒絕對會來敲門。但這並不表示，我們所感受到的情緒，和事件強度之間是正相關，也就是說，**情緒的強度和事件的強度之間，不一定存在著關聯性。**

一個人過去的經驗也會有很大的影響。如果你曾經在某一次的失敗後，痛定思痛並有所成長，獲得了更好的工作機會。那麼，你未來在面對失敗的時候，就不會那麼快掉入一個自我否定的迴圈，反而有機會說服自己，失敗其實不全然是壞事，只要能夠從中學到教訓，那麼每一次的失敗，就是一次成長的機會！

所以說，面對負面情緒，我們可能並不是那麼被動，**其實有很大的主控權，能夠決定自己是不是會掉進負面情緒的漩渦中；我們也能夠決定掉進去之後，要怎麼走出來。**

暫時性逃避負面情緒

我要分享一些心理學研究上的發現，讓大家可以更從容面對自己的情緒。

首先，我要先跟大家疏通一個觀念。很多人可能會覺得，情緒不就是來了才去面對嗎？其實不是，在情緒來之前、發生的當下，以及發生之後，我們都有不同方式可以因應。

首先是情緒發生之前，大家可能會覺得很怪，情緒都還沒有來，我能夠做什麼？各位可以想想，如果你知道有一場朋友聚會，會有一個你不喜歡的人參加，那麼你選擇不去參加的話，是不是就不會有負面情緒？至少不會是那麼強烈的負面情緒。

逃避的做法一般來說不受鼓勵，但是如果你知道自己做了某件事情，會面臨強度很大的情緒誘發事件，那麼對你來說，逃避可能是更有效的做法。這一點可是經過心理學研究證實的，研究發現，如果發生了一起太強烈的情緒事件，當事人選擇不處理，對這個人的身心反而比較有益。他們也發現，有憂鬱傾向者在面對可能會誘發負面情緒的事件時，更應該採取逃避的做法，這對他們來說更有幫助。

我要提醒一下，這邊所說的逃避，是暫時性的不去面對，而不是完全不去處理。有些事情你終究該去面對，如果完全不去解決，那就是不負責任。暫時性的逃避有很多好處，第一個最明顯的好處，就是很多情緒誘發事件的影響，都是在一開始最強烈，像是男朋友傳了分手簡訊給你，你只是匆匆瞥過，過了一陣子之後再看，就不會覺這件事有那麼嚴重了。

如果你沒有馬上去面對，就有多一點的時間可以思考自己要怎麼去面對，或許你就能夠找到解決方法。

心理學小科普

逃避情緒，反而更好

傳統上，大家會覺得，有負面情緒的時候，就要去面對、要盡可能讓負面情緒消失。

但是，越來越多的研究顯示，這樣的做法不一定在所有情境下都是最好的。比方說，當情緒強度很強的時候，與其正面迎接，選擇逃避，等到情緒強度減弱再去面對，反而是比較有利的做法。一些重新評估（reappraisal）的方法，強調把一個負面情境轉化為比較正面。但是，正面情緒的存在，不表示負面情緒就必然會消失。近年來，因為受到冥想當紅的影響，選擇接受當下的情緒，去感受和體驗情緒，而不企圖去改變它，也成了情緒調節的一種方法。

情緒不好，如何排解？

我知道很多人在心情差的時候，會想要跟朋友談心。這個方法為什麼有效呢？主要的原因就是在跟別人談心的時候，我們必須把這件事做個整理，你如果只是跟朋友說你好難過，他們會不明白你想表達什麼。所以在講心事的過程中，你就會把整件事的來龍去脈做一點整理，或許有些偏頗，但仍是一種整理。

這樣的過程有助於你把這個情緒經驗理性化，這個經驗本身不會成為只是讓你不舒服的情緒反應。這個做法，會降低這個經驗本身的情緒強度，也會降低這個經驗對你的影響。另外，你跟朋友談心，朋友一般也會從他們的觀點給你建議，某種程度上就達到重新評估的作用。甚至朋友如果有類似經驗，還可以跟你分享。

如果你周邊沒有人可以談心，或是你比較害羞，不太習慣跟別人談自己的心事，也可以善用一些可以匿名的論壇，就能比較沒有戒心的跟別人分享自己的心事，也有機會達到同樣的效果喔！

有些人在心情不好的時候，會選擇去做一些自己喜歡的事情，這就是運用到分心的原則。雖然在情緒發生的當下，分心是有效果的，可是在情緒已經產生之後，善用分心，也可以避免自己持續受到負面情緒的影響。

我有個朋友喜歡畫畫，他說每次心情不好，他就會要求自己去畫素描，這樣的方法對他來講很有效。而且，他還會依據情緒的強烈程度，安排要畫的內容，心情很差的時候，就要畫很複雜的東西，心情只是稍微不好，他就會選擇畫些比較簡單的。這背後的道理是藉著讓自己轉移注意力，不要持續想那些會讓你心情變差的事。

有些人心情差的時候，會想要大吃特吃，或是睡覺，如果這只是短暫非持續性的，也是蠻不錯的做法。因為食物對人的影響是很本能的，吃到甜食，因為快速補充了能量，就會讓人有幸福感。有研究真的去檢驗，到底吃了甜的東西，會不會讓人變幸福，答案是很肯定的。

也有不少人在心情不好的時候，選擇做運動，這也是很不錯的方法。因為運動可以讓人轉移注意力，而且運動會提升一些讓人好心情的神經傳導物質的分泌。總的來說，照顧好自己的身體，就是一個因應情緒很不錯的做法。

最後，我想提一下在社交媒體上公開分享自己情緒這件事，我個人比較不建議這樣的做法。因為當你把自己的情緒經驗分享在社交媒體上，這也就等同做了一些宣告。如果你只是想要做個紀錄，那就設定為自己或是少數比較熟的朋友可以看到就好，而不是讓很多人都可以看到你的心情筆記。但是如果你分享的目的是希望別人可以同理你、支持你，就沒有必要描述事情的經過，只要說，「我最近心情不大好，大家可以給我一些正面的能量嗎？」或是請別人給你一些改善心情的建議，這樣的成效都會更好。

負面情緒真的不好嗎？不盡然，我認為情緒其實是生存的一種附屬品：因為我們有快樂的情緒，才會想要為了一個目標繼續努力；因為我們有難過的情緒，我們才會想要調整，讓自己可以更好。如果你是用這樣的角度來看待負面情緒，你或許就不會那麼討厭它了，畢竟它只是生活中的一個提醒。負面情緒是提醒我們，可能累了、可能做事情的方法出了差錯，只要及時做出配套的做法，那就足夠了。

午夜小提醒

你該感謝負面情緒的存在，因為它襯托了正面情緒的美好。

04 鈍一點，比較好？

有一天睡前，太太拿了一本書給我看《機制夫妻生活：腦科學專家的配偶使用說明書》，我一看標題就笑了，「妳是覺得我需要看，還是希望我來寫一本這樣的書？」太太說，「你別急著回嘴，我想要你看其中一個章節：〈老公的鈍感力——看不見的任務〉。這章節的結論就是：對於丈夫很遲鈍這件事，請不要暗自神傷，因為全世界的丈夫幾乎都有鈍感力。」

「喔！原來妳是要跟我說，妳昨天罵我太遲鈍，想要跟我道歉嗎？」太太應該沒有預期到我是這樣的反應，她拉高語調說：「你覺得呢？」因為太太語調提高，通常表示我應該有做錯事情或是講錯話，此時如果要保命，就要先道歉、賣萌。我馬上回太太說，「我覺得一定不是這樣，妳是要告訴我，男人就是這麼遲鈍，要好好反省。」看到太太嘴角忍不住的笑意，我想我應該是猜對了，於是鬆了一口氣。

我一直在想，到底遲鈍是好還是壞呢？如果在人與人的相處中，一個人比較遲鈍，沒辦法即時察覺對方沒有表達出來的思緒時，確實會比較吃虧。在工作上也是如此，一個人如果可以快速梳理出為什麼業績在這幾個月會下滑，就可以提早找出因應的策略，避免業績繼續下滑。但如果太鈍了，就很難掌握先機，錯過很多好機會。

鈍感與不敏感

雖然說遲鈍的壞處不少，但遲鈍真的沒有好處嗎？也不是這樣的。日本知名文學家渡邊淳一，在二〇〇六出版了一本書叫《鈍感力》，他認為鈍感是有好處的。

那麼，到底鈍感力是什麼？從字面上解讀，我們可能會覺得這就是指感受力遲鈍，就像記憶力，是跟記憶有關的能力、恆毅力是說一個人很有恆心毅力。

這樣的解讀不算有錯，但渡邊淳一所定義的鈍感力，其實涵義更廣泛。他認為鈍感是相對於敏感的一個概念。

鈍感力是一個比較少見的詞彙，我在心理學的研究中，幾乎沒有聽過鈍感力這樣的詞彙。但因為我不懂日文，所以只能想辦法從鈍感力的英文翻譯中去找答案。《鈍感力》的英文書名是 *The Power of Insensitivity*，也就是「不敏感的力量」。

心理學・小科普

不敏感性格

若用 insensitivity personality 去做檢索，會找到一位荷蘭研究者 Dirk van Kampen，延伸了心理學家艾森克（Eysenck）的人格三元論——extroversion（外向性）、neuroticism（神經質）、psychoticism（精神病傾向）——之外的另一個屬性，insensitivity。不過在 van Kampen 的詮釋中，insensitive 是一種蠻負面的人格特性，是指一個人只在乎自己的感受，不會去理會別人的感受，所以這個特質和利他行為有負相關，但是和衝動、權力、惡意、反社會人格等有正相關。

所以，用「不敏感」這個角度來詮釋鈍感力，並不特別吻合渡邊謙一的詮釋。

鈍感與低敏感

另一個切入的角度是，高敏感的人通常神經質指數較高。因為鈍感在某些部分跟高敏感是相反的，而在神經質的另一個極端的人格特質是穩定、抗壓性比較強。某種程度來說，這比較接近鈍感力。這方面的研究比較多些，一般都會發現神經質程度高的人比較容易憂鬱、焦慮、受到負面情緒的影響；也就是說，神經質程度低的人，情況相反。

不過，我必須說，鈍感力和低神經質，還是有一些差異，至少渡邊淳一的詮釋是如此。但是，這不一定就說明渡邊淳一是對的，心理學中的發現是錯的。我覺得只能說，大家定義的概念是相似，但又不是完全相同的。

鈍感，真的不好嗎？

這幾年，高敏感特質受到矚目，具有高敏感特質的人感受力雖然很強，但有時候反而會為自己帶來一些困擾。比方說你會覺得別人的行為影響你工作，可是別人會覺得自己並沒有故意發出什麼聲響，為什麼你要這樣批評他。

從這樣的觀點出發，鈍感好像還不錯，因為鈍感的人對於外在世界的感受力比較差，不管是壓力也好，或是來自別人的負面評論也好。因為鈍感的人感受力比較差，反而比較不容易受到影響，更能夠保持健康、積極的態度來面對生活。也就是說，鈍感對人來說，是有好處的，特別是需要在高壓環境下生活的人，會更有競爭優勢。

但是在渡邊淳一心目中，**鈍感力，更重要的倒不是感受力比較遲鈍，而是比較有**

包容力。他認為鈍感的人，因為對事物有更多的包容性，所以除非一件事物已經超過了他們可以包容的範圍，他們才會感受到這東西的存在。

如果你有兩個朋友，其中一個對很多事情都不太計較，可能只有當你遲到一小時以上，他才會反應略微激烈；另一個，只要你有任何事情稍稍違反他的心意，他都會不開心。你會比較喜歡跟哪一個朋友相處？多數人應該都會比較想跟第一個朋友相處，因為和這樣的人相處起來比較輕鬆。

該怎麼跟自己的鈍感共存？

如果你發現自己是一個鈍感力強的人，那麼你要怎麼跟自己的鈍感力共存呢？首先，你要很清楚意識到，鈍感力強對你這個人可能的影響。

如果你的身分是主管，你要提醒自己，刻意去觀察下屬的工作態度，是不是有什麼異狀。另外，你也要小心，自己的包容性可能會造成員工的惰性。

如果你的身分是員工，你要提醒自己，盡可能嚴肅看待別人對你的批評，因為你太容易覺得別人的批評都是他們的問題，而不是你自己的問題。但實際上，只有少數人會惡意批評你，多數人若願意給你建議，都是真的覺得你可以做得更好。因此，你在接收到這些建議之後，可以幫自己規劃一些改善方案。

在一般的人際互動當中，如果你是個高鈍感的人，你要提醒自己，多關注身邊的人的反應。或你至少要讓你周邊的人知道，你的鈍感力比較高、敏感度低，所以可能會忽略大家的感受，請他們在跟你互動的過程中，倘若心中有任何不舒服的地方，一定要直接告訴你，你會盡力改善。

從我自身的經驗來看，鈍感力強並不是壞事，因為有些人反而喜歡有這樣的人在身邊。因為我們感受力太低了，所以他們在我們身邊的時候，可以表達一些對他人的不滿，或是把一些情緒發洩在我們身上。他們達到了發洩的目的，而我們也沒有因此受到影響，是一個雙贏的局面。

人生想一想

如果可以選擇，大家會想要當一個高敏感的人，還是一個高鈍感的人呢？身為一個高鈍感的人，我覺得高鈍感很不錯，但我自己也深知高鈍感確實有一些缺點。所以，如果因為讀了這個篇章，你就決定自己想當高鈍感的人，我要強烈建議你多想想。每個特質都伴隨著優缺點，高鈍感也是如此，你不能只看到高鈍感的好，就覺得這一定適合自己。你更應該做的，其實是去瞭解自己的特性，然後梳理出一套適合自己的生活法則。那麼，不管你是哪種特質的人，都能夠從容面對生活。

午夜小提醒

敏感也好、鈍感也好，沒有什麼物極必反的道理，只有適性發展才是真理。

05

工作以後，你的社群平台越來越無聊嗎？

曾經有學生問我：「老師，你怎麼可以訊息都回得那麼快？」也曾經有朋友跟我抱怨，「你太常分享訊息了，我整個社群平台上都是你的訊息，而且有些還重複出現。」我個人對這些反應都能接受，因為我知道自己確實花了不少時間在社群平台上，而且我從念書時期到現在，都很愛在各種社群平台上做分享。

只是現在往往在社群平台上看到的廣告或是平台推薦的內容，遠比朋友的分享來得多。有時候我都不禁會懷疑，是大家都不分享自己的生活了，還是這些訊息因為沒有商業價值，都被社群平台過濾掉了。那些內容或許會比自己朋友的分享來得精采，可是我上這些平台的目的，就是想要知道朋友們的近況，而不是要獲得什麼很優質的內容啊！

是社群平台變無聊了，還是你變無聊了？

雖然我和一些已經在工作的年輕夥伴，都覺得社群平台好像不是那麼有趣，但背後的原因其實不大一樣。對我來說，我是因為社群平台上的資訊比較單一，所以會覺得無趣。但是，對那些年輕夥伴來說，是因為心態轉變了，所以會覺得社群平台變無聊。舉例來說，如果你每天都是睜開眼就去上班，回家洗完澡就睡覺，你連休息都來不及了，怎麼可能還有時間去看朋友的分享，關心大家分享的資訊；而且每天上下班，似乎也沒什麼內容好分享。也因為你沒有分享什麼有意思的內容，朋友們也很難給你反饋，於是變成惡性循環，你會越來越不想要分享。

另外，如果你的朋友多數和你年紀差不多，那麼大家可能都正在職場上努力，不會像學生時代花那麼多的時間在社交平台上，分享自己的生活，並對別人分享的內容做點評。

社交需求依舊存在

在你身上發生的改變，除了工作型態有所不同之外，還有一個更明顯的變化，就是你的心智成熟度。**過去探討人類發展的研究發現，人的生老病死會伴隨不同的依戀狀態，和不一樣的人建立社交關係。**從剛出生到上小學的階段，基本上都是以家人為主的社交互動型態。但是隨著進入青春期，因為想要證實自己長大了，會刻意想要脫離家庭，向外尋求社交支持。但是隨著成年，對於同儕的依賴程度會逐漸下降，也因此，你會覺得自己沒有那麼強的渴望，想要跟朋友互動。

雖然說對於朋友的社交支持在成年後下降了，但並不表示你沒有社交需求。只是忙碌的生活，讓你誤以為自己好像不需要社交。請大家現在把手機拿出來，點開你的Line、IG，看看第一頁出現的對話是哪些。如果第一頁或甚至前幾頁出現的，都是工作相關的對話，那就表示工作已經侵略了你的社交生活，你需要做出一些改變。

心理學・小科普

好友人數的最大數

英國牛津大學的人類學家羅賓・鄧巴（Robin Dunbar）認為一百五十人是人交往朋友的上限，一旦超出這一數值，人無法正常交往或者效率會明顯降低。只是在這一百多人當中，人們真正有比較密切聯繫的可能更少。像是美國知名民意調查公司蓋洛普做過一個調查，發現人們平均的好朋友數量，是九個。九這個數字，基本上吻合一些社交媒體上統計的數據，你自己也可以盤點一下，你平時會在多少朋友的分享按讚以及留言呢？

工作上的社交關係，有時候不那麼純粹，可能有一些利害關係，所以你不一定可以真誠地和這些人相處。另外，現代人換工作的頻率還蠻高的，如果你的社交圈都只有同事，萬一你哪天離開工作崗位，可能有一段時間社交生活出現空白。基於這兩個原因，你就不應該只有工作上的朋友。

對於社會新鮮人來說，要刻意維繫關係格外困難。因為在校園中，你常常跟同學在一起，而這些同學也就是你社交的主體，因此你其實並不覺得友情有必要花時間去經營。你若花時間刻意去維繫關係，絕對會得到回報。

大家也不要覺得需要這樣做，壓力會很大。人其實都很有彈性，沒有辦法天天見面的時候，只要有折衷方式，也可以維繫關係。像我有幾個比較要好的大學同學，目前都在海外生活，但因為有網路，我們的互動還蠻頻繁的。而且，因為知道很少有機會可以和這些朋友碰上面，只要他們回國，就一定會約了碰面聊聊。反倒是那些住在附近的同學，平常反而不會特別約見面。

質比量更重要

雖然說，成年後的你，可能只有少量的時間花在朋友身上，但是只要這些互動是高質量的，那麼對你來說，可能就足夠了。我就有一個朋友，他說要維持好友人數在一百人以內，所以他每過一段時間會刪除比較少聯絡的朋友。

既然質比較重要，那你有沒有想過，可以做些什麼來提升友誼的品質呢？假如今天你分享了一間餐廳，你真的只要分享照片，甚至多加了一句話，像是這間餐廳好好吃，就足夠了嗎？你問問自己，如果跟一個朋友碰面的時候，你要他推薦這間餐廳，你會只講這樣一句話嗎？應該不會，你可能會很興奮跟他說，為什麼會找到這間餐廳，然後有哪些特點讓你印象深刻，你吃的料理之中又有怎樣的特色。

你或許不會想要在自己的社交平台上長篇大論，那麼你就要用些別的方式來和朋友進行高質量的互動，比方說，固定一段時間就跟好朋友相約聊天或是聚餐，就是不錯的做法。

找出適合自己的社交節奏

雖然某些社交平台比較多人在使用，這並不表示，你只能夠利用這些平台來經營你的社交生活。

如果你是那種需要深入交往的類型，那麼你可能比較適合傳統一對一的互動方式，和朋友面對面互動，應該更符合你的需要。

如果你喜歡分享資訊，也不在乎有沒有人看到，那臉書、Instagram、Youtube、抖音……，都適合你。你也可以思考一下，自己到底期待從這樣的社交活動上，有怎麼樣的收穫。如果沒有搞清楚這件事情，你很有可能會因為忙，就斷了這樣的社交活動。

我知道還有不少人是屬於潛水型的，就是喜歡當個旁觀者，默默關心周遭朋友的近況。對於這類朋友，基本上只要用你舒服的方式，來經營你的社交圈就可以了。但我想提醒你，偶爾還是可以幫朋友按個讚，或是留個言，讓他們知道你的關心。

這幾年陸續有一些人在鼓勵大家要回歸純樸，不要再使用社群平台。因為他們認為在社群平台上面的互動，已經變了調。我們在不知不覺中，成為了這些平台操弄的對象，平台透過訊息篩選的方式，來改變我們對一些事情的態度。我不否認，社群平台上確實有訊息篩選的疑慮，但是如果你是主動出擊，而不是被動等著訊息送到眼前，這個問題就沒有那麼嚴重。除了吸收別人分享的訊息之外，我也鼓勵大家可以當訊息提供者，跟其他人分享你獨一無二的看法。若有很多人這麼做，社群平台可能就會變得更有意思，每個使用者也會有更多的收穫！

午夜小提醒

在抱怨社群平台太無趣之前，先問問自己，你在平台上分享了些什麼。

06

網路破壞了這個世代的社交？

一些數據顯示，日本有超過一百萬的繭居族，而且人數持續上升中。此外，繭居族的背景很多元，也有不少高學歷的人。過度側重網路的生活型態，有可能是導致現代人社交生活出狀況的原因。因為在網路上，很容易就可以認識朋友，並感覺自己和這個人關係親密。但是，人們對於能輕易得到的東西，往往不懂得珍惜，也因此，人與人之間無法形成強烈連結，一旦受到阻礙，連結很容易就會斷掉。

心理學・小科普

繭居族

這個詞源自日文，指的是一種從社會中極度退縮的生活型態。根據日本厚生勞動省所賦予的定義，一個成為繭居族的人可能具備以下五項條件：一、長期待在家中；二、無法正常的參與社交活動，如：上學或上班；三、保持這樣的生活狀態長達六個月以上；四、沒有其他精神疾病，也沒有中等至嚴重程度的智慧障礙；五、幾乎沒有親近的朋友。雖然這樣的現象是源自日本，但有研究發現在法國也有人符合繭居族的特性，也就是說這個現象可能是全球性的，只不過背後的成因不盡相同。但是，因為繭居族的徵狀和一些社交退縮的徵狀類似，所以目前在臨床上，還沒有一個專屬的精神疾病分類。

線上線下的社交生活

現在的中老年世代，因為年輕的時候還是以實體社交為主，對他們來說，因為有了網路，反而成為維持社交的助力。像是不少老年人因為使用通訊軟體和以前的同學搭上線，讓自己的社交生活變得更豐富；也有不少老年人在網路上找到了以前的朋友，還很積極跟他們在現實生活中碰面，更加強化了彼此之間的情誼。

不知道大家和朋友是怎麼維持情感的呢？是線上的多一點，還是線下呢？我自己是線上多一點，因為有了孩子之後，比較難有自己的社交生活；加上本身又比較宅一點，所以線上的朋友多一些。我自己有發現，我在網路上的人際互動，比起在線下又活潑外向些，可能更貼近自己的本性。**所以要說網路破壞了人們的社交生活，我覺得也不是很妥當。只是我們要學會怎麼善用網路來幫自己的社交生活加分。**

網路交友的好處

不知道大家是怎麼看待交朋友這件事情呢？之前我介紹過英國牛津大學的人類學家羅賓．鄧巴提出人的朋友數量，最大是一百五十人左右。另外，他和其他研究者共同進行了一個研究，他們在研究中比較了四十位成年人大腦不同區域的體積、他們的好友數量，以及他們臆測他人狀態的能力。

結果發現，好友人數較多的人，臆測他人狀態的能力比較好，此外，有一個大腦的區域前額葉基底區（orbital prefrontal cortex），也就是眼睛上方的大腦區域體積會是比較大的。但是，究竟一個人是因為這個腦部區域體積比較大，所以會有較多的好朋友，還是因為他有較多的好朋友，在跟這些朋友互動的過程中，讓大腦型態有了轉變，目前還不得而知。

分享這個研究，是想讓大家知道，**交朋友這件事，絕對不只和我們的情緒、幸福感有關係。交朋友的過程中，涉及到的能力，對於我們的大腦來說也是一種很好的刺激。**所以，千萬不要因為覺得自己一個人日子過得還挺好的，就覺得足夠了。

我在英國念書的時候，剛開始有點孤單，因為心理系對語言的要求較高，所以外國學生比較少，特別是博士生中只有三位是外國學生，其中兩個原本的母語都是英文。因為我比較慢熟，所以一開始不大知道要怎麼跟別人互動，頂多就是點點頭。另外，因為我剛開始花錢比較謹慎，所以同學們如果約了要去喝酒或是做些娛樂，我也不大會參加。簡單來說，我在系上幾乎沒有社交生活可言。

主要的轉變，應該是第一個情人節，我準備了巧克力送給和我同辦公室的女同學們。我也不記得為什麼當時會想這樣做，不過，因為有了這樣的舉動，同辦公室的人開始會跟我聊天，特別是我的英國學長，他其實很健談，只是之前一直不知道要跟我聊什麼。在跟同學們建立了關係後，日子確實比較好過。

因緣而聚，緣盡而散，不必執著

隨著年紀增長，我們似乎對於認識新朋友會越來越有顧忌。如果你已經離開校園，我會建議你可以換個心態來看待交朋友這件事。**與其期待友情會長長久久，你更該認定每個人的相遇都是某種緣分。對於離別，也不需過度感傷，因為未來若有緣分，終究還會相遇。**

我覺得這不是消極，而是用一種比較寬容的態度來看待人與人的相處。畢竟開始工作之後，每個人能夠用來交朋友的資源不同，不像在學生時期，大家擁有的資源相對接近。

另外，我也深信人是互助的，或者說直白一點，是互相利用。只要看透這樣的道理，未來你被別人「利用」的時候，或許就不會那麼難過。我知道被利用的感覺不好，但那畢竟是你決定要去做的，你自己也有部分責任。所以在面對別人請求的時候，我會評估，萬一這件事沒有任何回報，我會不會想做。如果答案是肯定的，我就會去做。若答案是否定的，我就會委婉的拒絕，以免未來後悔。

面對網上的社交，大家都還在學習，因為有太多可能性，以及和實體不同的地方。我覺得未來的網上互動，絕對會衍生出一些有別於線下互動的方式，就如同以前的人很難想像可以即時跟千里之外的人面對面交談一樣。

人生想一想

每個世代的人，似乎都有不同的社交型態。比方說，在網路還不盛行的年代，面對面的社交，就是主流型態。但是，到了現在，特別是疫情嚴重的時候，線上互動反而成為了主流。未來，可能轉變為虛擬的社交。面對這些不同，你該問問自己，社交對自己來說有什麼樣的意義，以及用哪種方式，最能夠幫助自己獲得那樣的意義。你不一定要依照當下多數人的做法，但要提醒自己，如果你偏好的社交型態跟主流的不同，那麼可能要多費一點心力。

午夜小提醒

交朋友最大的障礙，不是你不會使用哪個平台，而是你的心魔。

07

對別人的疏失，要有多少包容？

前幾天我去接孩子下課，遇到孩子同學的媽媽，那個媽媽問我家老二有沒有對什麼食物過敏，我說應該沒有，沒見過他吃了什麼之後有不良反應。聽了我的回答後，這位媽媽說她的小孩對花生過敏，一吃到就會全身起疹子，有一次還為此去醫院急診。所以她都會特別叮嚀孩子注意，也會請老師協助留心孩子的飲食。可是上星期的午餐，有一道餐點裡混有花生，老師忘了提醒，結果她孩子吃了之後，回家全身不舒服。她說她有點不高興，可是又覺得這有點為難老師，因為花生只是一道小配菜，老師可能沒特別留意，所以也不好苛責。

有時候因為成年人的疏忽，孩子就容易發生意外。幾個月前日本就發生了一齣悲劇，有個幼兒園的孩子搭校車去學校，結果在車上睡著了，沒有下車。老師也沒發現這個孩子沒進教室，等想到的時候，孩子已經在密閉的車子內待了幾個小時，因為車內溫度過高，孩子就被熱死了。

我們不知道在這悲劇發生之前，是不是發生過類似狀況。如果這名幼兒園老師曾經因為對孩子的出缺勤不謹慎，而被家長投訴，或許這個悲劇就不一定會發生。**所以，在某些時候投訴或許真的不是壞事，如果你因為別人犯的錯很小，而選擇原諒他，你以為這樣對他們是好的，可是實際上卻害了他們。**

無法彌補的傷害

有位朋友有一次網購一樣東西要送給女朋友當驚喜，因為禮物包裝得很好，他就沒有打開檢查。結果女友打開禮物的那一瞬間，臉垮了下來，因為那個東西是她最討厭的顏色，而她之所以會討厭，是因為那是朋友的前任女友喜歡的顏色。結果女朋友大怒，兩人關係僵了好一陣子。朋友覺得很生氣，想要找賣家理論，可是賣家只說，「對不起，那要不你把東西寄回來換，我再補個小禮物送給你？」

面對這種即使別人願意補償，也不一定能彌補所造成的傷害時，該怎麼辦呢？

雖然這個賣家不是完全沒有責任，但是我朋友也必須承擔一些責任。人難免會出錯，如果你下單的商家又特別熱門，就算一千單只會出錯一次，如果一天要處理一萬筆訂單，就有十筆訂單可能會出錯。所以，貨品到了沒有檢查，就是你自己的疏失。女朋友生氣，就像是對你的客訴一樣，你要從中學到教訓。比方說，你會記得以後買東西一定要拆開檢查。如果擔心網購的質量可能不一定好，最好選擇有商譽的店家，或是直接去實體店購買，這樣不僅可以檢查品質，也能避免送了讓女朋友不滿意的禮物。

至於對賣家，朋友可以很理性地告訴他們，出錯貨品了，而且這個錯誤對你造成很大的困擾，希望他們要有解決的誠意。雖然這很明確是對方的疏失，但不表示你就可以謾罵，你在這種狀況下越冷靜，別人也會更嚴肅面對你的訴求，因為他們知道你不是因為生氣而投訴。

心理學小科普

抱怨也有講究

美國克萊門森大學（Clemson University）的羅賓·科瓦爾斯基（Robin Kowalski）教授認為，如果沒有分清楚抱怨屬於哪一個類型，無法判斷抱怨對一個人是否有好處。她認為抱怨大概可以分為三種類型：發洩、問題解決、反芻。如果你知道自己抱怨的原因，就可以設定清楚的目標，也可以讓自己的抱怨更容易獲得期待的效果。另外，科瓦爾斯基教授認為，抱怨如同其他溝通方式，也有最恰當的時間與地點。也就是說，要天時、地利、人和，才能讓你的抱怨獲得最佳效果。

善用抱怨解決問題

我有個學生畢業後擔任空服員，有次她回來跟學弟妹分享，提到有很多乘客經常提出不合理的要求。但是她知道她代表的不僅是自己，也是整間公司，只要這位乘客的要求沒有違法，她基本上都會想辦法配合，或是跟乘客說明為什麼現在沒有辦法滿足他的需求。比方說有一次，航班上特別多乘客想吃泡麵，結果就吃光了，有位乘客非常生氣，質問她，為什麼別人都有泡麵可以吃，就是他吃不到？

即使她再怎麼解釋，那位乘客還是很生氣。於是，我的學生就很禮貌的拿了客訴單給這位乘客，並跟他說，「先生，麻煩你填寫客訴單，說明你的不滿，我很樂意幫你轉給上級，讓他們重視這個問題。因為我們一直跟公司反映，機上應該多準備一些泡麵，可是他們都不願意聽空服員的反映。但是您是客人，公司會比較重視您的意見，麻煩您了。」

在服務業工作，難免會遇上奧客。如果是會面對客戶的工作，過於捍衛自己的權益，可能還會對自己造成傷害。所以千萬不要貿然行事，要有什麼舉動之前，先想想可以如何優雅的處理或是先向上級諮詢。

該不該給負評？

我有一次和朋友在美國的中國城用餐，這間餐館出餐慢，還漏單，重點是餐點也沒有特別美味。所以要離開時，我們一點小費也不想給，結果被老闆擋下來道德勸說，他表示這些服務員的薪水很低，如果我們沒給小費，他們會沒辦法過生活。當下我和朋友都傻眼了，你給服務員薪水太少，又不是我們的問題，給小費本來就是消費者的自主權，我們覺得用餐很滿意，就會給比較多小費，很不滿意就會少給一點，甚至不給。

後來，我們想這個老闆根本不要臉，連這種話都講得出來，如果不給點小費，大概很難走出這間餐廳。所以，我們就把身上所有零錢都掏出來，放在桌上，然後快速離開。

面對前述這種人，如果你的原則是以和為貴，反而是壞處大於好處。因為這些做壞事的人會更加為所欲為，他們會覺得反正無論自己怎麼做，也不會被投訴，於是就想辦法佔盡其他人的便宜。坦白說，這也是為什麼現在很多評價都淪為只是形式。大家這方面的經驗一定很多，不少商家都會鼓勵給五星好評，再截圖給他們以換取購物優惠之類的。如果優惠很多，有些人雖然對這商家不是那麼滿意，也會因為想要得到優惠，而做出違心之論。

以和為貴重要嗎？

大家應該問問自己，到底維持表面和氣真的那麼重要嗎？為什麼大家不能就事論事？如果事情做得不好，有人真心給你建議，並且願意給你機會修正，不是更好嗎？也就是說，如果不以和為貴，也要有配套措施。我們不能一邊說以和為貴不重要，另一方面又不去思考，和樂的氣氛被破壞的時候，要怎麼去改善。

人都不喜歡獲得負面評價，但跟獲得一個假好評相比，我其實更喜歡真實的負評，因為每個真實的評價都是成長的好機會。所以，如果有辦法主掌滿意度調查的問卷，我通常都採用匿名，因為這樣更能夠收到別人真實的意見。如果能夠讓別人知道，你收到負面評價的時候會虛心檢討，而不是秋後算帳，那麼你就越有機會聽到別人真實的聲音。

所以，到底要如何指責別人的不足，真是一門大學問，我們都要好好想想，怎麼表達對別人的負評，讓對方心服口服。

人生想一想

請各位回想一下，在你過去的經驗中，當老師或是主管很嚴格的時候，你是否比較少犯錯？我自己的經驗是肯定的，當老師標準很高的時候，我會花較多的時間做準備，就是擔心萬一自己犯錯了，會被責備。當你身為一個消費者的時候，你就成了老師，業者就成了學生。如果用這樣的方式來思考的時候，你或許就會重新看待「抱怨」。只要你的抱怨是理性的，都是值得鼓勵的。畢竟，每個人的思考都會有盲點，透過抱怨，反而能夠去校正這些盲點，讓自己可以變得更好。所以，當個愛抱怨的人，也不一定是一件壞事。

午夜小提醒

你今天對別人的容忍，就成了自己明天的負擔。

08

什麼時候該為自己發聲？

如果你和朋友先後到了同一間飲料店買了珍珠奶茶，結果你的珍珠只有不到五分之一杯，但是朋友的珍珠看起來有將近三分之一杯。這時候你會怎麼做？你是會回去店家跟他們理論，還是會壓下心中不快？或者你是很隨和的人，很少會抱怨。

我們就來聊聊到底什麼時候該為自己發聲。

是否要客訴？

前一陣子，我去速食店幫家人買晚餐，老二特別叮嚀我他要鱈魚漢堡。我拿到餐點時，還檢查了一下餐點數量有沒有少。結果回家把餐點拿出來，發現店家給錯了，我有兩個牛肉漢堡，但是沒有鱈魚漢堡。我立刻問老二，「你今天可以吃牛肉漢堡嗎？如果不行，我來幫你打電話問。」

老二有點傷心的說不行。身為爸爸的我，只好打電話去給店家，店家很乾脆地說，「先生，要不你下次來，我們再補你一個鱈魚漢堡。」我回答，「這沒辦法，請你們現在再準備一個，我等下去拿。」店家答應了我的請求，並說那個牛肉漢堡也不用帶回去，他還要額外招待我們一份薯條。

我必須告訴大家，請不要完全用負面態度來看待客訴、抱怨。想想看，有一個服務員每次端菜都會不小心撞倒客人的飲料，如果從來沒有人跟餐廳抱怨他的行為，那麼他應該都不會改善。但是，如果今天有人跟餐廳抱怨了，那名服務員就會被提醒，之後去那間餐廳用餐且被那位服務員服務的人，就不會遭遇類似的情況了，這樣不是挺好的嗎？

為什麼人們有不滿卻不表達？

為什麼那麼多人明明接受了不公平的對待，卻選擇承受而不願意去表達自己的不滿。我認為這有幾個原因：

第一，不確定自己的期待是否合理。就像前面提到珍珠奶茶的例子，你可能覺得這間飲料店的珍珠比別的店家少，但這大概是不同店家之間的差異，不一定會想要表達自己的不滿。

第二，擔心表達不滿會導致不好的後果。就像你可能被部門小主管欺負，但是不一定敢去檢舉他，因為你很擔心，檢舉之後，自己會不會反而要承擔不好的後果。就像有學生可能對某個老師的教學感到不滿，但是他們敢直接跟授課老師說嗎？恐怕不會，因為分數還掌握在那位老師手裡，如果老師惱羞成怒，成績恐怕就很難看了。

我必須說，蠻多人是對人不對事的，所以他們會把你對事情表達的不滿，理解為你是不喜歡他這個人。所以，他們日後若有機會，就會想辦法報復。

第三，你可能不知道要怎麼表達自己的不滿。比方說，有一間長期排放有害物質到河流當中，汙染了特定地區的水源，導致這個地區的人罹患癌症的機率特別高。如果不知道原來有人該為你承受的傷害負責時，你當然不知道要去表達自己的不滿。

最後，你可能是不知道究竟這個不滿要跟誰表達，比方說你有天晚上腹瀉，你不能肯定究竟是吃壞了東西，還是有別的原因。或是，你在火車站，因為人潮太多，結果你的名牌包被弄髒了。

心理學小科普

哪種人格特質的人最容易對商家投訴？

人格特質會影響一個人是否會為自己發聲，比方說，英國樸茨茅斯大學（University of

Poursmouth）的尤克塞爾．伊金斯（Yuksel Ekinci）教授做過一個研究，比較了哪種人格特質的人最容易對商家投訴。他的研究發現，比較嚴謹自律、開放性高的人，最容易對商家投訴。但是，一個人的外向程度，並沒有如預期的影響投訴的意願。伊金斯認為，因為自律的人善於處理衝突且對於不好的東西容忍度低，所以他們會有比較高的投訴意願。而開放性高人，則由於對事物有更高的彈性，所以不會被現有做法侷限，會願意嘗試新的做法，因而會有較高的投訴意願。

選擇鄉愿，還是坦率？

我知道，蠻多人會覺得常抱怨、表達自己的不滿，不是一件好事。我也承認，如果有一個人常常抱怨，確實會讓人有點反感。

但是，如果一個人心中明明有不滿，卻都不表達，真的會比較好嗎？就像如果你的女朋友平時對你的作為都沒表達出不滿，但哪次生氣爆發，一次把所有的不滿都表達出來，這樣也不見得更好吧？

一個順從的人相對比較容易被別人接納。如果你的角色是個員工、被聘僱的角色，當個順從、不抱怨的人，對你來說可能比較有利。可是如果你的角色是老闆，或是有權力做決策的人，對於那些敢抱怨、敢表達意見的人，你應該要有多一點的包容。但是，你不該採取一種「會吵的孩子有糖吃」的心態來面對，而要認真去檢視，這個人表達的不滿是否合理，不僅僅是在抒發情緒。

我自己不排斥表達不滿，但我也要有點驕傲的說，我同樣是個不怕別人抱怨或是投訴的人。就像在學校教書，面對學生表達的一些負面意見，我會虛心檢討，想想學生的意見有哪些確實合理，是我可以改善的。所以，我和研究生的討論會，常常氣氛都很愉快。有個碩士班一年級的學生，因為參加了兩個老師的實驗室討論會，她說自己在另一個討論會上都不太敢說話，但是在我的討論會上，她覺得不滿的地方都會直接說。

所以，我鼓勵大家，不僅該練習做一個願意表達自己不滿的人，更要當一個可以

虛心接受別人對你表達的不滿。而且，千萬不要因為一個人的經驗比你少，就不看重他們的建議，因為每個人各有所長，也有自己的觀點，不見得經驗最豐富的人就一定是對的。

最後，我要用哥白尼的故事鼓勵大家，如果他當年沒有挑戰「地球是平的」，那麼人類可能現在都還對地球的樣貌有錯誤的理解！所以，當你覺得事情是錯的、是可以改善的，就想辦法適當地表達，並且想想可以怎麼改善，讓事情有更好的發展。

你是逆來順受的那種人嗎？在我們的社會上，其實蠻多這樣的人，而這樣的後果，就是讓講話大聲的人，越來越有話語權。不是在所有事情都不如意時，都要站出來抗爭，而是需要一定的標準。如果你積怨已久才突然爆發，反而是不好的，因為別人會覺得你很莫名其妙。**與其突然爆發**，平時就適時宣洩自己的不滿，並且理性做表達，或許比起總是當個笑咪咪的人，更會讓人想要跟你當朋友喔！

午夜小提醒

不發聲，也是一種表態，所以請勇於發聲，讓別人知道你真正的想法。

Section 3

職場生存經

——輕鬆裕如，不受壓榨霸凌

上司壓迫你、同事孤立你，該怎麼辦？
沒有學以致用、高成低就很糟糕？
進入職場以後要內卷還是要躺平？
找到自己的立足點，就能在職場上從心所欲。

01 職場也有PUA？

放春假時，以前畢業的學生來找我，雖然面帶笑容，但他整個人感覺很疲憊，我問他發生了什麼事。他回答我，他最近剛換到一家新的公司，薪水漲了不少，可是主管的管理方式讓他很不能適應。在他報到的第一天，主管沒有特別告訴他事情該怎麼處理，他虛心詢問，主管卻叫他自己決定。結果他上班第一天就加班，想要把事情做到完美。想不到呈上去之後，上司發現不是向來習慣的格式，就先數落他做得真差，馬上把任務交辦給其他人。他覺得自己確實表現得不夠好，所以也很積極的去參考同事做的版本，提醒自己未來可以做得更好。

聽完，我告訴他，「你正在經歷職場PUA啊！」學生有點驚訝的看著我說，「老師，你說的是情侶之間的那種PUA嗎？這怎麼能用來描述職場上的狀況呢？」我跟他說，如果從PUA初始的定義去理解，確實會覺得職場PUA不合邏輯。但是，PUA的定義已經從早期談論怎麼運用一些技巧，來讓別人對自己著迷，演變為一種有點病態，明明被欺凌，卻覺得對方是因為愛自己，所以才會有這些看起來像欺凌自己的舉動。像是有些男人會挑剔女友的各種小事，讓女友覺得自己真的很糟糕，但男友還是對自己不離不棄，所以依舊很愛自己的男友。

他聽我這麼一說，有點頓悟。我提醒他，之後工作上如果遇上什麼狀況，不知道怎麼處理，一定要尋求協助。

其實不管是大家熟悉的PUA也好，或是職場PUA也好，都跟一個心理學現象有關係，就是認知失調（cognitive dissonance）。所謂的認知失調指的是，一個人對一件事物的態度和他展現的行為大相逕庭。

心理學小科普

認知失調

認知失調的由來是里昂．費斯廷格（Leon Festinger）與梅里爾．卡爾史密斯（Merrill Carlsmith）一九五九年的一個經典實驗，學生們被要求進行繁瑣且無意義的工作，過了一段時間，會被告知實驗已經結束，可以離開了。但在他們離開前，實驗者做了一個小小的請求：他們被告知要去說服另一名學生接受實驗。有一組參加者以二十元受雇，另一組則是一元。

整個實驗結束之後，那些在一元受雇組的人比起其他在二十元受雇組以及對照組之評價顯得更為肯定。費斯廷格和卡爾史密斯認為，當只被給予一元時，學生們被強迫內在化他們被誘導表現而產生的態度，因為他們沒有其他正當的理由，也就是說，他們產生了一種態度失調的狀況。

職場PUA的各種樣貌

其實職場PUA有很多形態，我學生經歷的是蠻常見的一種：不斷否定你的表現，透過這樣的做法，讓你喪失自信，進而願意順從主管的指令，因為你自己的做法一定會被否決，所以不該採用這種方法。

另一種職場PUA，也是對你的否定，只是否定的是你個人的特質。比如說，有人會說你怎麼做事情這麼沒效率、你怎麼那麼粗心、你怎麼學習新事物總是那麼慢……聽到這些批評的時候，你很容易就會被說服，尤其如果很多人都這樣講，你就更容易相信這樣的評價是真的，也會認同別人對自己的評價。

還有一種常見的職場PUA，就是扭曲價值觀，明明是找你麻煩，卻會說他是在給你練習的機會，一切都是為了你好。資淺的時候，你很容易忽略這個類型的職場PUA，因為認為自己真的需要多練習，主管給了練習的機會，還不收學費，感謝都來不及了，怎麼可能還提出抗議呢？有些企業端看準了實習學生的心態，會對實習工作提出很多不合理要求，說難聽一點，就是壓榨。

我有一個學生很想要成為網頁工程師，於是他參加了一個培訓計畫，後來分配到一家企業實習。他做的事情跟全職員工沒多少差別，領的薪水卻只有全職員工薪水的五分之一不到。他的同學看不下去，請我提醒他，不能別人叫他做什麼，都不懂得拒絕。我找他來問，他跟我說，雖然很累，偶爾也會覺得自己做很多、賺很少，有點不公平，但他覺得自己在過程中學到很多，而且自己做的成果也還不夠好，有這樣的待遇已經不錯了。聽他這樣講，我也只能提醒他，不要太順從，否則久了會習慣被這樣對待，是不好的。

或是，有些老闆會先肯定你的工作能力，然後順勢要求再多做一些事情，你也很容易會因為覺得自己若不答應，好像很不給他面子，於是就成了職場PUA的受害者。

主管真的在PUA你嗎？

不管你經歷的是哪一種職場PUA，有一件事很重要：不要把所有的負面情緒都合理化，認為是理所當然。你的直覺不會騙人，所以如果你覺得不舒服，就要相信當下的情境有問題。有這樣的感知很重要，千萬不能習以為常。因為我們都很容易受到過去經驗的影響，如果從一開始面對這些不舒服的感受，採取的態度就是忍耐，那未來面對更強烈的不舒服感受時，你有很大的機率會繼續忍耐。就像有些襪子，一開始很緊，但是你的腳把它撐大了，襪子就變鬆了，道理是一樣的。

但是，有感知不代表你就一定要即刻反擊。你應該先瞭解事情的全貌。有時候，你以為自己已經表現得夠好了，但實際上因為經驗不足，你的表現真的只能算差強人意。你覺得其他人在為難你，其實是你做得不夠好。**遇到任何批評，如果不先自我檢討就反擊，下場反而可能更慘。**

處理職場PUA的方式

如果你確定自己經歷了職場PUA，一定要先做兩件事。第一，保存紀錄，不一定要用錄音或是其他侵犯別人隱私的做法，但至少要記錄自己當下的遭遇，以及你自己的感受。之所以要做紀錄，是因為我們很容易記憶扭曲，有可能把這個狀況記成沒那麼嚴重，也有可能誇大它。為了避免這樣的狀況，在當下趕緊做紀錄是最好的。

第二，要讓別人知道。讓別人知道你經歷了這樣的狀況，一方面是別人的觀點會比較客觀，更能夠幫你做出合適的判斷。還有一個很重要的目的，就是當你哪天需要人證的時候，這些人或許幫得上忙。

人生想一想

我希望多數的朋友，在職場上如果真的不開心，就對自己寬容一點吧，不要為了賺錢而做出太多犧牲，你如果為工作賣命而忽略其他，最後承受最多損失的就是你自己。因為企業可以找一個新員工來遞補你的位置。但是，哪天你的健康沒了，或是出了什麼狀況，誰來做你的遞補呢？

午夜小提醒

長期被職場PUA的人，也會開始對別人PUA而不自知。

02 工作不可能事事如意，你要如何面對？

學生抱怨老師、學校是一種日常；對於上班族來說，抱怨老闆、工作也是一種日常。在我的經驗中，很少有人對自己的工作全然滿意。像我雖然很喜歡在大學教書，但是一樣可以列出一長串我不滿意的部分。工作上的不如意，因為牽涉到經濟問題，和其他生活中的不順心有一點不同，應該鮮少有人因為工作上的一些不如意，就毅然決然辭職。在這個篇章，我們就來談談，要怎麼面對不同類型的職場不如意。

主管打一棒子再給一顆棗

職場不如意的主因，很多都與主管有關。比方說有不少主管對自己交代過的事情反悔，一件簡單的事情常常被弄得很複雜。口口聲聲說要大家遵照某些規範，實際上主管自己又最常破壞這些規矩，到頭來還把過錯怪到部屬身上。這樣的主管常常會先把下屬罵得一無是處，但可能過了一天又來道歉，說什麼他當時沒那個意思，請不要在意。

前述的主管就是很典型的職場PUA例子。遇上這樣的主管，要盡可能梳理出一套他也認可的作業流程。雖然這招對於這種上司效用似乎不大，因為他的指示總是反反覆覆。不過，至少在他要責備你或同事時，你們可以表示，處理方式是根據之前他也認可的作業流程，以求自保。如果主管覺得這個流程需要修改，你可以表達自己一定會配合，只要他能夠確定心目中理想的作業流程。

另外，我要提醒的是，千萬不要心軟，因為主管事後道歉，就覺得他沒有做錯任何事。只要他先前是沒來由的責備你，就該被記上一筆。當然不是說，你就要反擊或是累積到幾次就要去投訴他之類的，**而是要讓自己對這個主管的態度客觀些，不會受到他今天罵明天疼的影響，把他的作為都合理化，認為心裡不舒服，都是自己的問題。**

如果這位主管上面還有更高層的上司，那麼不妨把主管一些不合理的舉動都記錄下來，在覺得無法再承受的時候，報告更上層的上司來介入處理。

心理學・小科普

領導風格滿意度

領導風格對於員工的工作效率及工作的滿意度，是一個很常被研究的主題。比方說，有研究針對零售業的員工調查，發現變革型的領導風格（transformational leadership）對於員工的滿意程度有影響，變革度越高的，員工的滿意度越高。此外，不同的員工特質，對於不同的領導風格也會出現不同的反應。所以，大家未來在找工作的時候，或許也可以先打聽主管的領導風格，否則自己可能會吃到苦頭。

還有一種職場常見的主管，喜歡倚老賣老，只要事情沒有照他說的去做，他就會生氣。就算因為採用他建議的方法出了錯，他也會苛責那是因為部屬不夠努力，或是哪個小環節有疏失，才會失敗。否則，他過去幾十年用同樣的方法，從來都沒有失手，怎麼可能現在會遇上問題。

這個主管可能不是壞人，但是你要怎麼跟他溝通，讓你嘗試你認為比較好的做法，避免用了不好的做法而導致失敗。畢竟，主管絕對不會認為你失敗是因為用了他的錯誤建議，他只會覺得是你沒有好好執行。

上司的建議真的不好嗎？

不少職場工作者都有某種刻板印象，主管會覺得年輕人就是不懂事，年輕人則是覺得主管的觀念老舊，跟不上時代。很多事情，觀點不同，關於對與錯的認定，也會截然不同。所以，多多溝通，不要馬上就否決別人的建議。如果希望上司採納你的建議，你要想辦法讓他知道，你想要採取的做法，和他的有哪裡相似，只是在哪幾個部分做了些微調整，也請他給你建議。這樣做會讓他覺得你不是否定他過去的經驗，而你請他提供建議，也是對他的尊重，主管會有較高的意願，讓你去做新的嘗試。

更重要的是，用這個改良方法完成工作之後，你要跟主管核對這個做法的優缺點。如果你的做法確實更好，也可以順勢向主管提議，是不是以後都可以採用這個新做法。當然，如果有不如預期的部分，你也可以和主管討論，可能是哪個環節出錯了，以及下次要繼續嘗試新的做法，或是要回歸原本主管屬意的做法。

自己當老闆會更好？

或許有人會想，工作那麼多不如意，主管處處掣肘，自己當老闆總行了吧？

其實，工作上的不如意，並不會因為你當了老闆就消失。就算你的員工都很棒，你也可能會因為合作廠商出錯，讓生意受影響，你一樣會不開心。總之，工作上遇到

不如意是常態；能夠快樂工作反而難能可貴。

因此我提醒自己，也提醒各位，不要過度放大工作上的不順遂，假設你一天工作十二個小時，那麼這個不順利就應該打五折，也就是說，你應該把這個不順利減少一半的強度。因此，你不該花那麼多的心思處理這個不舒服的感受。

在我家，我和太太有個默契，絕對不在餐桌上分享工作上的不愉快。畢竟，用餐是愉快的事情，也是家人難得相聚的時刻，不該用一些無關的事來搞壞這個氣氛。如果你是獨居，也要幫自己劃分出界線，比方說回家之後，有一個時段就是完全不處理工作。這些儀式感的作為，看起來微不足道，卻往往能發揮不錯的效果。

人生想一想

我覺得，很多人在面對工作上的挫折時，有一個錯誤的觀念，就是把工作看得太重要。不少人在工作上受挫，就整個人都像顆洩了氣的氣球，連

放假也沒辦法放鬆。即使工作是你的生活重心，它依舊不是你這個人的全部，你沒有必要把工作上經歷到的一切，當成自己人生的全部。

午夜小提醒

一旦遇上了惜才的伯樂，你就該不離不棄。

03 沒有學以致用，很糟糕嗎？

前陣子，我和一位很久沒有聯絡的女同學在路上相遇，我問她現在在哪兒高就？她說她念完博士之後，一直擔任研究員，小孩出生之後，她就全職在家帶孩子。

不過，她說她自己的爸媽，以及蠻多的親戚都不太諒解，覺得為什麼她念了一個博士，結果竟然在家帶孩子，現在孩子都上幼兒園了，她居然也不回職場。我問她是否沒有想要回去工作？她說也不是完全沒想過，只是到了這個年紀，高學歷的人要找工作，不分男女，真的都不容易。即使你想去做一些較基層的工作，老闆往往不敢雇用。想要回到研究崗位上，也會被質疑跟大環境脫節了好幾年，是否跟得上節奏。

道別的時候，我忍不住提醒她，只要有在做讓自己開心的事，也沒有影響別人，就別在意閒言閒語。

學以致用，端視怎麼定義「學」

在我同學身上可以看到，一個高學歷的人如果放棄工作，回家做似乎不需要學歷也可以做的家庭主婦，就會被調侃真是浪費了所學。我對這樣的論點很不以為然。因為第一，多念了點書的人和沒有念書的人在照顧小孩上可能會有點不同，如果有一些相關知識，就能套用在照顧孩子身上。像我同學念了心理學，可以把所學應用在育兒上，我覺得是很有幫助的。

第二，為什麼念了哪個科系，未來就一定只能從事某種行業呢？讀了中文系就只能去當中文老師、文字工作者嗎？念了心理學的人，就一定要當諮商心理師嗎？我不認為如此。**簡單來說，在我眼裡，學以致用的想法是非常過時的。**

雖然在別人眼中，可能會覺得做為大學教授的我也是學以致用，我憑什麼叫大家不必一定要學以致用。但是，在學習過程中，心理學博士學習最多的是做研究的能力。如果沒有人特別提供機會，你也沒有去找職缺，一個具有博士學位的人不見得有能力當老師，把知識傳遞給其他人。所以，在我眼中，念了博士學位的人，如果沒有學習怎麼教書就去擔任大學老師，也不能說是學以致用！

我們應該把「學習」定義得更廣泛一些，泛指任何不是天生就會，而是透過後天學習，才具備的能力。若從這樣的觀點來看學以致用，就不會有太多矛盾了。

心理學・小科普

問題導向學習的優缺點

近年來，問題導向學習（Problem-based learning）受到教學現場的歡迎，因為這種教學方式的重心不在知識傳授，而在於學習者要如何利用知識來解決問題。某種程度來說，就是要讓學生覺得，學到的知識可以幫助他們解決生活中相關領域的問題，不至於學非所用。

但是，並非所有知識，都能很容易採用問題導向學習的教學型態。此外，若過度強調問題解決，也可能導致學習是片段的，不利於學習者把知識做更廣泛的應用。

怎麼面對學無所用？

學生常會問我，說他就要畢業，可是不知道自己的專業可以怎樣使用，我就會分享過去畢業生的諸多例子，後來甚至做了一個Podcast節目，跟大家分享，心理學系畢業生其實可以從事很多行業。想到心理學，大家可能都會想到心理諮商，但是我們有學研究方法，也有學習統計學，這些在很多行業都能有很好的應用。所以，根本就不存在學無所用的問題，只是不夠用心去想罷了。

如果你自認是學無所用的族群，你可以找一個自己領域的典範，看看他怎麼發揮所學。當然你不可能一開始就設定自己也能做到那些事，但那是一個可以讓你看到可能性的方向。你不見得要做一模一樣的事情，也可以做些調整，更符合自己的專長，或許就會找到學以致用的方式了。

只要做你擅長的事，就沒有學非所用的問題

我任教的系所會收一些體育專長生，目前就有一位學生有擊劍專長，她曾經在國際大賽得到第一名的殊榮，若沒有疫情，她本來還有機會去參加東京奧運。之前她來找我，說她想要做研究，因為她想要出國念體育心理學，希望成為專業的體育選手諮商師。在她進入實驗室一段時間後，我問她，「妳現在不練習擊劍了嗎？」她說還是會，但是她已經過了巔峰期，現在參加比賽只希望能得到前三名，贏得一些獎金補助。我有點訝異，因為她才二十二歲，居然就已經過了巔峰期。不過，我很肯定她對自己的人生規劃，因為知道職業選手生涯已經結束，提前做了安排。

每個人在人生的不同階段，最擅長的事可能都會有所轉變。所以，我們都該保持

一顆開放的心，不要覺得自己一輩子只要會做一件事情就好，這樣很容易出現職業倦怠，也有較高的可能性被淘汰。就像現在，如果不會用電腦，很可能就會被淘汰了。

即使你的工作崗位沒有進修的要求，我都鼓勵你每隔一段時間去做一些進修，為自己的能力做些提升。有時候，也不用在進修之前就很功利的認為學了這個，就是要達到什麼樣的目的。既然是一邊工作一邊進修，那麼一定要學一些自己覺得有趣的事情，不然會很容易放棄。

像我就發現，雖然我主觀上認為學習程式設計很重要，但是往往學了一會兒，就會倦怠、想放棄。相較之下，如果是學習使用一個軟體，做一點好玩的事情，我就比較願意花時間去做。

人生想一想

✦ 曾經有管理學院的教授針對畢業生做了一個調查，他發現學生可以分為兩類，有一類在找工作的時候，只要基本條件滿足了，就會接受這個工作的邀約。有另外一類畢業生，會想辦法找到客觀條件最好的工作。相比之下，第二群人的平均收入確實比較高。但在幾年後，他發現第一類的學生雖然賺得比較少，但是對於自己工作的滿意度比較高。也就是說，在工作上能不能開心、有成就感，這跟你做什麼事情，以及獲得多少，關係並不大。真正關鍵的是，你自己的心態，以及你怎麼看待自己的工作。只要你樂在其中，那就足夠了，因為這才是最重要的。

午夜小提醒

學以致用聽起來很美好，實際上是畫地自限的鄉愿。

04

高成低就，是問題嗎？

你知道大學教授和水電師傅，誰賺的錢比較多？多數人可能會認為是大學教授。但是，在很多國家，大學教授賺的其實並沒有水電師傅多。有人可能會說，那是因為水電師傅很辛苦，如果可以選擇，他寧願當大學教授，也不要當水電師傅。不過，每個職業都有那個行業辛苦的地方，像水電師傅的辛苦，可能在於勞力付出，工作有一些危險性。大學教授雖然勞力付出不多，但是勞心，而且有時候要花很長的時間，做一些沒有實質收穫的事情。

那麼，如果有一個人原本是大學教授，後來轉行去當水電師傅，你會怎麼看？你會覺得他高成低就嗎？如果你這樣想，那麼你已經落入刻板印象之中。

別落入社會刻板印象

我有個聽友是管理學博士，念書的時候就特別喜歡跟人接觸。因緣際會下，他沒有進入大學教書，而在他考慮根據自己的特質轉換跑道時，剛好有朋友創業要找業務人員，問他有沒有興趣。雖然是有前景的行業，收入也很不錯，他還是有點猶豫，自己就去闖一闖、試一試，還是該找一份適合博士學歷的工作？

他會有這種想法，其實是深受社會刻板印象的影響，認為哪種學歷就該做哪種行業或身分的工作。

可是，一個人是否能把事情做好，和他接受多少教育以及接受什麼類型的教育，其實沒有太大關係。重點是，這個人的能力。當然，在正規教育體制下，接受越長時間的教育，理當為這個人帶來一些正面影響。就像，一個人如果讀了研究所，不管是拿到碩士或是博士學位，應該都更具備主動發掘問題、解決問題的能力。畢竟，做研究不是別人告訴你要做什麼，以及要怎麼做，才去執行的。

心理學小科普

職業的社會刻板印象

因為一些刻板印象，導致某些特質會和職業綁定在一起，像是男醫生、女護士等等。這種社會角色的刻板印象，是一個惡性循環，因為人們會被期待要去做那些符合社會期待的職業。雖然近年來，性別與職業的綁定不如以往，但是其他社會刻板印象，依舊和社會角色有緊密的關係，像是博士如果去賣雞排就會被調侃。若我們希望打破這樣的惡性循環，就該致力於每個職業中的多樣性，不要只有特定學歷、性別等的人來擔任某種職業。

一定要男主外女主內嗎？

有個朋友的太太是企業高級主管，收入很高。在他們有了一個小孩之後，太太因為不放心把孩子送給別人照顧，就希望身為老公的他，可以在家照顧小孩。因為他的收入真的比太太少太多，他知道如果夫妻中有一個人要在家照顧寶寶，肯定不會是太太。只是，他蠻猶豫自己是不是要這樣做。

這樣的情況，其實反映了我們的社會還不夠成熟，因為像在挪威，就有九成的男性會選擇請十五週的育嬰假來陪伴孩子。當然，挪威也不是一直都有這麼高比例的男性會請育嬰假，是從九〇年代才開始。

我知道朋友猶豫的很大原因是擔心別人的眼光，以及自己日後返回職場會有困難。這些議題雖然都重要，但更重要的，他要思考的是自己是否適合當家庭主夫。有些人天生就擅長處理家務、照顧孩子，但對有些人來說，處理家務就是特別勞心勞力，更別說是照顧孩子。

我鼓勵我的朋友不要想太多，別擔心別人的眼光，因為男女角色一直在轉變。

回歸家庭與重返職場

因為我的工作時間比較彈性，所以通常都是我帶孩子去打預防針。在候診間幾乎都是清一色的女性，我常會覺得不自在。但這種不自在，是來自她們讓我受寵若驚的認可。有些阿姨講話比較直接，「你很厲害ㄟ，自己一個人帶小孩來打針，如果我家女婿也可以這樣，那該多好。」

比較有趣的是，醫師似乎認為我是單親爸爸，不然怎麼每次都沒看到媽媽同行。本來老婆還不相信我的說法，有次她剛好有空，我們一起帶孩子去打針，醫生果然問她：「今天媽媽怎麼有空來？」

至於類似朋友擔心的重返職場問題，如果擔心自己完全從職場退出，返回有困難，可以想想在照顧孩子之餘，如何經營自己的職業生涯。若有可能接案，當然最好，那樣的壓力會比較小，也可以規劃自己空閒的時間。不過，這比較適合照顧孩子已經上了軌道，才開始規劃。**千萬不要一開始還在手忙腳亂，就擔心自己會和職場脫**

節，硬要逼自己兩者兼顧，這樣反而可能什麼都做不好。

雖然社會上每個人都有各自的權利義務，但誰說你只能做某些特定的事情呢？像我有一位醫師朋友，他覺得除了在診間看診，也很希望提供大家正確的醫學知識，所以就經營了自媒體，透過一些短片，讓更多人有正確觀念。不過，他也不是完全不顧規範地去做自己想做的事，比如一些醫療行為很複雜，他知道不適合透過短片來傳播，所以他在影片中絕對不會建議什麼病症要用哪種治療法，他知道醫師的職責是在瞭解病患的狀況後，提供最適合病患的建議。影片這種單向通道，不太適合做這樣的事。即便透過直播，他也有所保留，因為他說很多病人要真正進了診間，才能察覺他們的病症，而不是僅憑病人陳述，或是看他們的面相，就會知道。

更何況，放眼未來，還有很多角色是現在不存在的，如果都要照著社會規範來告訴自己該怎麼做，不存在的角色又該怎麼做呢？就像現在，雖然人工智慧還不會為自己爭取權益，但未來有一天，人工智慧也可能會跳出來爭取自己的權益，屆時就需要有懂得人工智慧以及法律、倫理學的專業人士，才能處理這樣的事情。

人生想一想

- 與其希望自己該扮演好何種的角色，你更應該要跳脫職業角色來思考。你該問自己，到底現在以及未來的社會上，需要哪種專業的人，以及你必須學習哪些內容，才能讓自己具備這樣的專業。
- 你我或許都不是那麼有前瞻性，但我們至少可以培養一個願意學習，且可以好好學習的能力。我們不一定要當第一個具備這種專業的人，但我們要爭取當第一批具備這種專業的人。

午夜小提醒

一個敬業的藍領階級，比一個怠職的白領階級更令人敬佩。

05

選擇內卷，還是躺平？

一個月前，我阿姨打電話找我，她很擔心的要我幫忙勸勸表弟，說他自從被公司資遣之後，已經在家裡窩了一個月。剛開始，阿姨在他面前盡量不提工作、錢之類的事情。可是一個月過去了，阿姨見他仍然不急，於是想要我這心理學教授，幫忙想想辦法。

我約表弟出來吃飯。我沒有一開始就提工作，而是吃飯吃到一半，不經意的說，「聽阿姨說你在找新工作，是因為舊工作不好嗎？」表弟也沒直接說他丟了工作，只說他工作不開心，覺得自己每天都在做重複的事，也看不出什麼進展，而且每個同事都加班到很晚，他也不敢先下班，通常一回家洗完澡、倒頭就睡，周而復始，他覺得沒辦法再繼續這樣的日子。

我覺得有點心疼，就提醒他，如果工作真的不開心，就要做個改變，不要把自己的意志力都消磨掉了，到時候什麼事情也不敢做。

我想不少人也跟我表弟有類似的經歷，不然這幾年就不會有內卷、躺平這樣的說法。

心理學小科普

內卷是一種適應策略

有人針對中國新進的大學教師進行研究，他們發現這些新進教師雖然感到很沒有安全感和焦慮，但是他們為了要獲得終身教職，會把加班行為合理化，作為達到適應大環境要求的一種策略。也就是說，面對環境的壓力，內卷對個體是有幫助的；從組織管理的角度，內卷似乎也是有利的做法。不過，這樣的做法有風險，因為唯有當事人覺得別無選擇的時候，才會引發內卷的行為。一旦當事人覺得有其他選擇的時候，就不會用內卷的方式，來面對環境的壓力。

用有效的方法工作

回顧人類歷史，如果不是一些勇於挑戰的人，我們可能都深受內卷之害。不用回顧太久以前的歷史，就拿網路當例子，如果在四十年前，網路沒有被定義，體系尚未建置，人們對於知識的掌握也不會那麼快速、普遍。就像你可能第一次聽說「內卷」這個詞，可是如果你有興趣，馬上就可以搜索，就會找到很多相關資訊。

面對這樣的變動，有些人選擇擁抱這樣的發展，但仍有一些人會覺得只有書本上的知識才是對的、才值得流傳，所以拒絕用這種方式來獲取知識。**坦白說，這種覺得「我只要努力，就夠了」的堅持，實在不值得讚許**。我不是否認看書的價值，而是當有更好的方式可以協助我們做事的時候，沒有必要抗拒使用這個方式。

想想看，你在工作上或是生活中，是否都用最有效的方法來做事呢？還是有時候，因為已經習慣使用某種方式，所以即使知道有更好的做法，也不願意改變？

就像我以前都用紙質行事曆來管理行程，即使已經使用智慧手機的前幾年，還是堅持用紙質行事曆，因為我覺得這樣可以快速掌握自己的行程，比起智慧手機中的行事曆方便。直到有一次行事曆弄丟了，我想做個改變，才開始用智慧手機中的行事曆。

忙盲茫，你到底在忙什麼？

除了使用不同的工具之外，你自己是否採用不同的工作方式，也會有極大的差異。我有一個學生之前去一間電信業者的客服中心服務，他的任務是分析客服系統的流量，並且預測每日的派工。他原本以為自己會得到很多資料，然後任由他發揮，結果發現完全不是這麼一回事。他一開始還不知道原來大家對他的工作有不同的期待，他很認真地分析了資料，提報了派工的建議。結果被資深員工批評他不懂事，他們根據多年經驗一看，就覺得他的分析有問題。後來，他發現，他的資料分析對派工根本派不上用場，因為都是資深員工靠經驗來做判斷，他蠻失望的。

在他要離開公司之前，他做了一個預測公式，並且驗證了其有效性。他看到自己的公式能有那麼好的預測能力，心中感慨：就算向上級回報，他們也不會認真看待這個結果，於是他一個字都沒提。

以我學生的例子來思考，如果那家企業願意接納他的做法，就不一定要仰賴那麼多人力來做派工預測，就可以把時間和精力用在別的地方，如果沒有其他需要忙的，大家也可以不用長時間加班，不用把時間和精力都花在工作上。

各位在崗位上是不是也曾遇到同樣的狀況呢？你是不是感覺很忙，但其實根本沒想清楚自己要做什麼，以及要怎麼做，因為擔心一旦自己停下來了，就沒辦法把事情做完，於是只能拚命往前跑。這樣的做法有點像第一次被放進迷宮的老鼠，沒來由的到處亂闖，幸運的話，會找到迷宮的出口，但有時候還沒有找到出口，可能就累癱了，只好停在原地。

或許是因為現在比較多人覺醒了，或許是因為企業沒辦法提供一個美好的願景，世界各地都出現一個現象：很多人寧願不工作，也不願意為了混一口飯吃，去做一些自己覺得沒有意義的事情。

另一種躺平

國外很流行空檔年（gap year），有些人是在高中畢業，還不清楚人生方向的時候，選擇去海外當志願者，或者單純去四處旅行。某種程度來說，也可以說這些人是躺平。但是，不少人是藉由這一年找到了自己人生的方向，甚至結識了好朋友，那麼這段時間就算是躺平，也很值得。

我就有一位朋友，在阿里巴巴工作了多年，她在一年多前毅然決然地離開了公司，現在正在進修碩士學位。若從賺錢的角度來看，念書的這段時間，就是像躺平了般沒有收入。實際上，她利用時間進修，幫自己積累實力，未來不管是創業也好，轉行也罷，都增加了不少籌碼。所以，稍微休息一下，不要給自己那麼大的壓力，也不是一件壞事。

在國外有越來越多人選擇找一個或多個兼職，而非全職工作，讓生活可以多一點彈性。某種程度來說，也是一種不被物質慾望制約的做法。這和躺平主義之間，有部分雷同。

積極佛系

這幾年，我採取一個我自己稱為積極佛系的做法。積極和佛系看起來是兩個很衝突的概念，**但我所謂的積極，是指你有決定權，可以有所發揮的部分，而佛系則是針對那些自己無權改變的事情。也就是說，針對自己可以努力的部分，我會想辦法做到最好，而那些我自己沒有決定權的事情，我就選擇躺平。**

但在決定要這麼做之前，請先確認自己的生活或是工作中，你能夠掌握的到底是多是少。如果你根本連一半的主控權都沒有，那麼積極佛系的做法恐怕不適合你。因為別人對你有很多期待，你如果面對他們的期待都很佛系，會讓人觀感不佳，覺得你就是不夠認真，會很容易被淘汰。

也因此，大家需要選擇的，不是究竟要內卷或是躺平，而是你究竟想要對自己的人生有多少主控權。如果你覺得自己是不想要做決定、不想要冒險，或許找一個不需要想太多，只要照著別人指令執行的工作，對你來說會是更好的選擇。也就是說，比較貼近躺平的做法。

若你不想要陷入太自我耗盡的生活型態，在找工作的時候就要慎重，多評估一下企業能提供給你的是什麼，而不要單純只考慮薪水、交通、升遷管道等事宜。

人生想一想

蘋果公司的創辦人之一賈伯斯曾說，「自由從何而來，從自信來，而自信則是從自律來。學會克制自己，用嚴格的日程表控制生活，才能在這種自律中不斷磨練出自信來。」越自律的人，生活中越有底氣。

午夜小提醒

只有不是真心做事，你才需要考慮自己要內卷還是躺平。

06 需要討好同事或上司嗎？

你在職場上會刻意拍上層馬屁嗎？有些人可能對於拍馬屁很反感，會覺得有人想要靠關係來得到好處，而不是憑藉自己的努力。我以前也是這樣，覺得拍馬屁是一種不入流的手段，為什麼要靠諂媚別人來獲得好處呢？

但是，我後來發現，有些人在做出那些看起來像恭維的行為時，並沒有想太多，只是想要讓彼此都開心罷了。其實拍馬屁可以很單純地解讀為：對別人表達善意。倘若有個人是對所有人都會表達善意的，那也沒什麼不好吧？**當然，如果他只對那些跟他有利益糾葛的人表達善意，確實會讓人有點反感。可是，表達善意本身並沒有錯。**

討好以彌補自己的錯誤

因為個性的關係，我覺得自己可能會不經意傷害到別人，所以會刻意做一些討好別人的事情，來幫自己加分。比方說，我知道有長官欣賞某位運動明星，在有求於那位長官的時候，我就會故意分享這位運動明星的動態，還註記長官的名字，讓他知道我也在注意他喜歡的明星。我也會選購適合價位的周邊產品，在適當的時機點送給這位長官。

不過，我知道有些人比較介意這樣的做法，那也沒關係，只是你可能會比較辛苦，特別是當群體當中，多數人都採取討好別人的做法時，你堅決不這樣做，真的很容易吃虧。當然，如果你位階比較高，你也可以期許自己，不要過度被這些小善意所影響，要盡可能秉公處理。

心理學小科普

討好行為的起因

社會心理學家傑．厄利（Jay Earley）博士，依據內在家庭系統（internal family system）的理論，推論慣性討好的人，通常都是在小時候養成這樣的習氣。因為從小在與家人的互動中，總是被告知要以別人的要求為主要考量；只有達成要求，才會被肯定。因為很怕別人不喜歡自己，久而久之，養成了這種習慣。更進一步去剖析就會發現，討好行為的背後是恐懼，害怕不被人接受、肯定，所以要去巴結其他人。

不懂得奉承上司，功勞被搶

我有個朋友不明白為什麼自己在工作上很努力，但總是不被認可。有次因緣際會下，他聽說自己單位有個同事老是跟主管說他的壞話，並把功勞都攬在自己身上。他聽了之後很生氣，但是不知道自己該去揭露那個人的惡行，還是該想辦法反擊。

我的朋友比較老實，不太會去算計別人，也不太會去巴結別人，在職場上，人際關係比較差。相對來說，他要捍衛自己的權益就比較困難。

我建議他想辦法確認主管是否都接收到自己上繳的報告或工作成果，並且多做一些說明，讓主管知道這件事是他個人的貢獻。另外，也可以公開感謝其他同事，沒有他們的協助，他可能沒辦法順利完成任務。

這樣一來，沒有直接攻擊陷害他的同事，卻避免了那個同事搶走他的功勞。在職場上，以和為貴蠻重要的，因為你不知道對方會不會記恨，逮住機會就對你不利。

績效壓力大，同儕關係緊張

有些企業採取嚴格的管理機制，重視績效而不論年資，是高度競爭的環境。因為這種氣氛，大家都很怕別人搶走了自己的成果。

在這種高壓的公司，應該不少人都渴望朋友的支持。如果公司前景很好，想要繼續留在這裡工作，或許可以在其他部門找一些跟自己比較沒有利害關係的同事當朋友，最好彼此業務不重疊，不會相互受牽制。

想辦法在工作場域交一些朋友，因為這些人最能夠瞭解你在工作上的辛苦，也比較有可能直接給你支持。如果嘗試後發現，真的不容易，那麼可以認真想想，是否要換個工作環境。畢竟成年後，你醒著的時間有一半都在工作。如果長期處在這樣高壓的環境，不僅對身體有害，對於心理狀態也有負面影響。

我有一個學生，他曾經在一間全球前五百大的企業工作，不過他前一陣子辭職了。我問他為什麼不幹了，是賺得不夠多嗎？他告訴我，工作賺得真不少，可是他老覺得自己是在燃燒生命賺錢。他工作好幾年了，在公司只有幾個交情淺薄的同事，存款雖然多了不少，但頭髮白了、健康變很差。他覺得如果繼續這樣下去，肯定會出事。而且一個月前，他有點交情的一個同事因為長期加班病倒了，所以他更確定自己做不下去了。而且他喜歡交朋友，在這家企業裡，大家都很忙，根本沒人有心情交朋友，他實在不想要這樣，所以老早就想要離職了。

在職場上，每個人都需要幾個可以談心的朋友。如果努力之後也交不到可以談心

的朋友，環境如此高壓之下，還是換個工作環境吧，這樣對自己的身心都比較好。

沒有派系、團隊氣氛好才是好的工作環境

不過，最好的情況還是企業內部沒有派系之爭。因為企業真正的對手，不應該是內部的同事，而是其他的競爭企業才對。大家也不要覺得只有企業才會內鬥，我聽說過有大學系所，老師們一言不和居然打起來的；還有老師受不了被霸凌，選擇離開學校。

如果發現自己企業內部有內鬥的狀況，最好就開始找下一份工作。因為不能團結的團體，力量終究難以發揮。不團結的大團隊，可能還不如團結的小團隊呢！這也就是為什麼，總是有些小公司能夠在業績上扳倒大公司。我講個極端的例子，今年稍早，美國一些散戶投資人發起要炒作某一檔股票的風潮，一開始大家還不以為意，但想不到這炒作居然成功了，這家公司的股價在三週內漲了十二點五倍。一些放空這間公司股票的投資公司，都因此大虧本。所以說，團結是很重要的。

所以，大家找下一份工作的時候，記得把團隊氣氛放在選項中。因為工作已經夠辛苦了，如果氣氛還不好，那真是很痛苦的一件事呢！

人生想一想

在很多影集中，都會有剛入職的員工幫老闆背黑鍋的情節；或是有員工明明照著老闆的指示做事情，一旦出錯了，卻被說成是自己自作主張。真實的職場生活，大致上也相去不遠，因為多數環境都是爾虞我詐，你不能只顧著討好別人，而沒有保護自己權益的作為。不過，我不是鼓吹大家都不要對別人好，而是你不應該不計一切，在對別人好的時候，也不該抱持著要有所回報的心情。

午夜小提醒

要讓別人記住你的好，你該做的不是阿諛奉承，而是雪中送炭。

07

在職場被孤立，怎麼辦？

幾年前有一齣韓劇叫做《未生》，討論的是一群剛入企業的實習生的故事。故事當中，有一個人憑藉關係空降到這間企業當實習生，不少實習生都會故意排擠他，所以有一次他們到外面出差，他就一個人被丟下。

或許因為他對自己比較自卑，所以面對別人對他不理不睬，都默默承受。好在後來，他憑藉著自己的努力，以及一些好運氣，扭轉了其他人對他的印象。這齣劇特別適合職場新鮮人，看了一定會感受特別深刻。

在職場上，你是否也有過這種被孤立的經驗？你又怎樣去面對呢？

剛進企業導致的孤立

面對這種到新環境而形成的孤立感，最容易破解的方式，就是締造一些工作之外的共通性。有些公司會通過team building的方式，來讓大家更有凝聚力，也就是藉著一些活動，來增加彼此的共通性。除了team building之外，你其實也可以想辦法瞭解大家各自的喜好，藉機拉近彼此的關係。比方說，你看到同事常常喝奶茶，你可以請他喝你覺得很有特色的奶茶，或是請他推薦你好喝的奶茶。

大家不用覺得這種搞關係的手段很彆扭，我們和不熟識的人要建立關係，本來就需要一些非凡的手段。我就有個大學同學，在美國念博士時，因為指導教授很喜歡打網球，他從零基礎開始練習，到畢業前已經可以參加業餘比賽，還拿過前幾名呢！

職場孤單感（work loneliness）意指在職場上所感受到的孤單。職場孤單感不只會影響員工的情緒，也會間接影響他們的工作表現。有一個研究針對營利及非營利組織做調查，結果發現不論是當事人主觀的職場孤單感，或是有同儕評定的職場孤單感，都會導致工作表現低落、對組織的情感投入下降、團隊合作能力變差，只有表面功夫的指標是上升的。中介分析的結果更顯示，職場孤單感是透過影響情感投入，進而影響工作表現的。

做事風格導致被孤立

除了剛到一個新環境，因為不熟悉，可能導致被孤立之外，有些人則是因為做事風格跟其他人不一樣而被孤立。有工作經驗的你一定知道，沒有哪種做事風格是一定會被多數人認可的。到底一種風格好不好，完全取決於這個群體的認定。如果你們部門的風氣是不加班，結果你剛加入這部門，就一直自主加班，雖然看起來是你很努力工作，但是你的舉止卻像在凸顯其他人不夠認真，會惹來別人的厭惡。

比較理想的狀況是，大家認可的風格是正派的。但是，如果你發現其實企業內部的價值觀，跟你自己認可的有很大的出入，或許這裡就不是你應該久留的地方。

相對有規模的組織，不管是學校或企業也好，都有一套標準化的作業規範。有些看起來不合理的做法，若放大來看就會發現，其實有其原因。比方說，一些通用表格可能看起來累贅且不容易理解，但是如果有資訊需要跟整個組織的人溝通，通用表格就能提高溝通效率，所以也不全然不好。

如果你的做事風格比較特別，你可以想想自己的獨特性，是否只是因為你沒有想要去瞭解別人，認為對方的做法比較差，就不願意採納。比較恰當的方式，應該是先採取別人的做法，並且想辦法做些微調，讓對方瞭解原來稍微調整就能有更好的結果。有了這樣的前提，再跟對方溝通，成功的可能性會更高，也不會讓自己陷入被孤立的風險之中。

因為個人特質被孤立

有一些人被孤立，倒不是因為做事風格，而可能是因為個人特質。比方說，你可能是一個很男性化的女性，結果女同事和男同事都覺得很難跟你打成一片。面對這種因為個人特質所致的孤立，你可以想想是否自己願意為此做些改變。

因為人對於其他人的評價，很容易受到單一因素的影響，比方說有個人可能只是比較容易有體味，就讓別人不喜歡接近。如果你是因為一些相對容易改善的特性而被其他人孤立的，可以考慮做些改變。

但是，別人不喜歡的特質也有可能難以改變，比方說亞斯伯格症。你可以一開始就很主動的告訴大家，你有怎樣的狀況可能會讓他們覺得不舒服，請他們多包涵，也請他們可以直接告訴你需要改善的地方。

人對於不熟悉的事物都會感到害怕，像有妥瑞氏症的人有時候會不由自主打噴嚏，在別人眼中看起來也很怪。但是，只要事先告知，讓別人有心理準備，通常也不會因為這樣的狀況而被討厭。很多時候，都是因為不瞭解而被胡亂貼標籤。所以，與其隱瞞，不希望別人發現自己的某些特質，還不如直接告訴大家會更好。

選錯邊結果被孤立

還有一些人比較倒楣，可能是被惡意排擠。這有可能是跟工作直接相關，像是你的提案獲得企業高層的認可，讓其他部門的人臉上無光。也有可能跟工作沒有直接相關，這聽起來有點荒謬，但有一些人公私不分，有可能把在其他地方的不如意宣洩在職場上。

面對因為工作而被孤立的狀況，你只能想辦法釋出善意，讓別人知道你不是故意要搶他的業績，或是讓他們的提案被高層批評。

如果是因為私人原因而被排擠，就更令人哭笑不得。因為你還真的沒有辦法面面俱到。如果是可以閃避的，就想辦法閃避，讓自己的工作與生活，有比較清楚的劃分。

如果真的避不開，那也只能承擔可能的後果。因為有些人就是會記恨，針對這樣的行為，我們沒辦法做些什麼，但我不建議因為工作而選擇退讓，因為發生這種事情時，通常已經有芥蒂了，你再怎麼做，都還是會被記上一筆。

人生想一想

找工作的時候，我們通常考慮的是一些客觀條件，像是薪資、通勤時間、福利等等的。但是，真正影響工作幸福感的，往往不是這些客觀條件，而是像前面提到的領導風格，或是在這個章節提到職場孤單感。人的元素對我們的影響，不論在職場或在其他場合，其實都遠超乎我們的想像。

午夜小提醒

當老闆喜歡的員工，或許可以讓你賺到面子；但是當同事喜歡的員工，才能讓你賺到裡子。

08

工作之後，進修還是必要的嗎？

在職場上，你是不是會發現有些同事在上班之餘，還會去進修一些課程；同樣的，有些同事則是連企業內部的培訓都不參加，甚至會取笑去上課的同事。

但是，你可以說這些會取笑同事的人沒有危機意識。多數的企業中都有這樣的人，他們不求自己升官，只想領份固定薪水。但也有可能他是酸葡萄心理，他可能因為沒有時間，或是沒有動機想要去學習，所以會鄙視去進修的人。

重要的是能力，而非學歷

曾經有位聽友寫信給我，他是從屏東到台北打工的人，一開始從很基層的工作做起，因為很努力而受到上司提拔，現在已經是個小主管。雖然這份工作不要求學歷，但是因為公司經營得很成功，所以近來招聘到的新員工都是些不錯的大學畢業，甚至有留學回國的碩士。他覺得壓力特別大，每次要交代那些名校畢業的同事做事，都很怕他們會因為自己學歷沒有他們好，就不認可自己下的指令。

在職場上，真正重要的是能力，不是學歷。想想看，如果他的能力不好，怎麼可能會被升為小主管呢？他可能有很多自己不知道、自己不看重的能力。不過我也能夠理解他為什麼會有這樣的擔心，因為確實有些人仗著自己是名校畢業，就會看不起其他人。我們就姑且把這樣的現象當作炫耀知識吧！

就像炫富一樣，這些人想要透過炫耀知識，來提升自信。但是有不少人炫耀的知識，根本是空有其表。其實這樣的人還不少，他們不一定是名校畢業，但他可能上了很多知識網紅的課程，就覺得自己也很了不起。

我給這位聽友的具體建議，是建立自己的自信，看到自己在職場上的成就，看到自己具備的專長。同時，也可以虛心請教其他人，大家各自發揮長才，而不要成為對立的關係。

有的企業每個月會有一個時段，讓員工來和其他同事分享自己的專長，不一定要和工作有關。我建議這位小主管也可以建立這樣的制度，讓每個人都有機會介紹自己的專長，以及教別人該怎麼做。這樣可以凝聚團隊情感，也能夠讓彼此都多具備一些能力。

我也鼓勵這個聽友可以向直屬主管詢問，問問他覺得自己還有哪裡需要提升。跟直屬主管詢問，不會讓你覺得丟臉，反而會讓他們留下好印象，覺得你是一個很上進的員工，想要讓自己變得更好。其實不少企業都會有主管培訓方案，培訓一些有潛力的員工，讓他們未來有更好的升遷。如果企業內也有這種方案，可以去參與，由內部正規管道來進修，可以少走一點冤枉路，而且更高效具備企業期待員工所需具備的能力。

做為主管，在看到下屬有好表現的時候，也可以問問他們是怎麼做到的。**見賢思齊是該多做，千萬不要因為自己的身分、階級而有所顧慮。因為人各有所長，如果因**

為覺得自己跟一個身分地位不如自己的人學習是件丟臉的事而不下問，那就太可惜了。

心理學·小科普

手寫方式做筆記較好

幾年前有一個心理學研究，讓學生看一些TED的影片，並且請他們做筆記，然後檢測他們對影片的理解。其中有一半的學生用傳統的紙筆來做筆記，另一半的學生則可以用筆電。結果他們發現，用傳統紙筆做筆記的學生，對影片的理解能力比較好。研究者推論，當學生用筆電做筆記的時候，因為打字的速度比較快，所以他們可以把聽到的內容全都打下來；當學生使用紙筆，則因為速度比較慢，促使他們彙整知識後，再把重點記下來，因為他們只有足夠的時間把重點寫下來，而沒有足夠的時間把所有內容都記錄下來。

主動學習，收穫更多

因為主動學習很重要，我會建議大家，與其花很多時間聽一些付費平台，還不如自己花時間去規劃一門課。原因在於，知識付費的內容都是別人彙整後的產物，你在接觸這樣的內容時，很容易就會用被動方式來處理知識。但是，如果你花時間去規劃一門課，你有很多的主動性，收獲也會更多。

你可能會說，你對於什麼領域都沒有太深入的研究，可以怎麼主動學習呢？我覺得很多人對於什麼是知識，都定義得太過狹隘，我們很容易會把那種有開課、有考試的內容，才當作知識。但是，可以把東西收納好、很懂得跟人打交道，這些也都是知識，只要你擅長做的事情，你就有辦法去針對這種知識多做點什麼。

你不一定要開課，也可以是想辦法把這件事情做得更好。以收納為例子，就有不少日本家庭主婦，因為處理家務很有心得而成為網紅，也有人因此成為收納師，收費到別人家裡去幫忙收拾整理。

我覺得太多人都太謙虛了，或是因為接觸了太多大咖，看到他們在某個領域那麼傑出，就覺得自己好像什麼都做不好。**但我要提醒大家，這些大咖大概是前百分之零點一的人，我們不該拿自己跟這些人做比較，然後覺得自己不夠好。**你可以想想在你所處的位置，你能夠有怎樣的表現。說不定你比那些大咖更能理解某個知識，因為你更接地氣，知道普羅大眾在學習這樣的內容時，會遇上什麼問題。

在知識爆炸的現在，大概有兩種極端，一種就是覺得自己已經知道夠多了，所以沒有必要去充實自己；另一種就是有莫名的知識焦慮，明明已經學了很多，還是擔心自己有所不足。老實說，這兩種都不好。學習雖然是一件好事，但是我們的時間精力有限，學習自己喜歡的、對自己是有幫助的，才是最恰當的作法。

午夜小提醒

不要向那些什麼都懂的人學習，而是要跟著那些什麼都不懂的人一起學習。

Section 4

感情華爾滋

——美好圓滿，不受假象欺瞞

我喜歡的人不愛我，愛我的卻讓我難以接受；
別人總能遇上對的人，我卻在情感路上跌跌撞撞；
到底該不該先踏出那一步，勇敢告白？
順心而為、有來有往不強求，
你也能跳出曼妙的情感華爾滋！

01 可不可以我愛的人也剛好喜歡我？

我有一個女學生，長得還不差，個性也不錯，可是一直沒有交男朋友。她後來有點無奈地告訴我，她確實有喜歡的人，也有幾次對他告白，可是感覺他對她沒興趣。而且聽共同朋友說，他好像最近剛交了女朋友。聽到她這樣說，我再追問了一下，「該不會有妳不喜歡的人對妳示愛吧？」

學生苦笑著說，「老師，你也不要這麼神準，我身邊確實有一兩個對我有意思的人，其中一個條件也不算太差，可是我對他就是沒有感覺。」她有點無奈地說，「怎麼要談戀愛這麼難啊？」

對愛情的期待

如果你單身，而且有喜歡的人，或是有人喜歡你，那麼，你真正的問題不是要選哪一個，而是你到底期望在愛情中找到什麼。**也就是說，你不能只用喜不喜歡當作唯一的指標，因為真正開始相處之後，喜歡的影響力就沒有你所想的那麼大了。**如果你只仰賴這個指標，那麼即使是跟自己愛的人交往，恐怕也不一定能持續下去。

人在年輕一點的時候，都會認為感覺最重要。**但是，年紀越大、歷練越多，漸漸會發現感覺只是人與人相處的其中一個環節。**

那麼為什麼我們考慮對象的時候，還是會以喜歡當作主要的準則呢？是不是我們都會擔心別人說閒話：如果交往的是有錢人，別人就會說，我們根本不愛那個人，只是愛他的錢；如果看重的是對方能否支持自己的事業，別人就會說我們是在利用他，不是真的愛他。

心理學小科普

愛情電影的壞影響

現代人覺得自己找不到理想的對象，有可能是愛情電影的錯。有個研究首先分析了這些愛情電影當中對於愛的描繪，發現有百分之三十八強調會有獨一無二的心靈伴侶；有百分之三十強調會有完美情人；百分之二十五強調只要有愛，就可以解決感情中的困境。調查顯示，想要透過看這些喜劇愛情電影來學習愛是什麼的大學生，對於電影中理想愛情的想像接受度比較高。因為在生活中鮮少能遇上那樣的理想對象，以致裹足不前。

給對方一個機會

我覺得，你只要不是對這個人完全沒有喜歡的感覺，也不用太理會這些閒言閒語。因為對於一個人的喜愛的感受，不見得一開始就會很強烈。就像媒妁之言的夫妻，都是從結婚才開始認識彼此，有些幸運的，可能會愛上彼此；比較不幸運的，會知道這個人是自己的配偶、孩子的父母，日子還是這樣過下去。

所以，你要問自己，那個喜歡你的人是不是能夠給你一些你要的東西。如果答案是肯定的，而且你對這個人不是完全不喜歡，那不妨給彼此一個機會試試看。畢竟，只是嘗試交往，也不是交往了就一定要結婚。

不少單身的人會覺得不能利用別人對自己的喜歡，這樣太不道德。但是，感情本來就是你情我願，如果你有讓對方表達對你的愛，那似乎也不能說你很不道德吧？每個人表達愛意的方式本來就不一樣，所以也無法去衡量究竟是誰愛的比較多。

只是，你應該提醒自己，一旦決定要接受一個人的愛，那麼不管你對他的愛有多少，都不要讓其他人覺得你還是單身或隨時打算要換伴侶。我有一個朋友，他很喜歡一個女生，但是她的條件很好，也有不少追求者。他自己覺得那個女生對他有好感，但不見得有那麼喜歡。他發現她喜歡爬山，於是就跟她說，如果她願意跟自己交往，那麼每週他都會帶她去爬山。那個女生猶豫了一陣子之後，答應了我朋友的告白，幾個月後，他們決定結婚，現在已經有一個小孩了。

有次我好奇問他的太太，「妳該不會只是因為有人要陪妳爬山，就嫁給他了吧？」她告訴我當然不是，她不否認一開始對我朋友的好感沒有到男女朋友的程度，但她覺得試著交往，有人陪著去爬山也不錯。爬了幾次山之後，她發現兩個人還蠻適合彼此的，因而願意繼續交往。

什麼時候該喊停？

假設你和另一半只因為有一點點喜歡而在一起，那你們要怎麼判斷，該繼續或是該分開呢？這問題真的很難定奪，因為有些關係需要長一點的醞釀期，有些則比較短。但你必須要設一個自己的停損標準，你不妨拿自己過去的交往經驗當基點，假設之前交往的對象是你很喜歡的，那麼可以把標準往下降一點，當作目前這個只有一點點喜歡的對象的標準。

比方說，你和之前的對象，可能是交往一個月之後，才願意把他介紹給自己的好朋友認識。那麼，現在或許改為一個半月或是兩個月。時間到了，你若覺得自己對這件事，還是有蠻強烈的不安，那就表示這段感情可能進展得不如預期，也有可能不太能持續，就可以決定是否要結束。

如果你是被追求者，要喊結束的傷害比較低。因為你可以清楚告訴對方，當時為什麼答應他的追求，以及自己決定要結束這段關係的依據是什麼。

但是，如果你是追求者，打算喊停，表達的時候就要更誠懇一些，讓對方知道你不是始亂終棄，只是發現了彼此並不合適。不管如何，都要讓對方清楚知道你的歉意，以及做好被討厭的準備。

更簡單的指標，可能是你發現有其他人更讓你心動，這個標準很傷人卻很實際。你若已經陷入這樣的狀況，建議你先提分手，也可以直接說明原因。總之，不可以抱持著要等新感情確定了，才要跟原本對象分手，這樣非常自私。

雖然不管什麼時候講，你的對象都會受傷，也會高度懷疑，你早就已經和另一個人交往。但這就是你要付出的代價。

人生想一想

在期待進入一段關係之前，要先想清楚自己除了喜歡一個人，還要問自己，你希望從這段關係中收穫什麼。雖然我們會覺得對這個人有感覺是最關鍵的，但是如果你和另一個人的關係，完全只仰賴你們對彼此的感覺，那這段關係是很容易受到挑戰的。

午夜小提醒

你以為你找不到那個他／她，其實是你根本還沒準備好要去愛。

02

要不要告白呢？

曾經，我們暗戀一個人很久，但一直不願意踏出那一步。結果往往錯失了先機，只能一次又一次看到自己喜歡的人成為別人的對象。或是，你可能擔心會破壞彼此原本的關係，所以不曾告白。到底要怎麼決定，現在是不是那個告白的好時機呢？

選擇要告白的對象

有位網友來信問我，他有兩個心儀的對象，他覺得其中一個對他也有一些好感，另一個則是他單戀對方。他單戀的那個女生，在一些客觀條件上，又稍微好一點。他想問，到底該追求哪一個呢？

這個狀況，應該是一些舉棋不定的人常有的糾結。

即使覺得其中一個對象，對你也有好感，但並不表示你跟那個人就更容易建立一段穩定的關係。在交往前，我們可能會對一個人有很多憧憬，但是相處之後會發現各種落差。所以，不可以依據自己覺得哪一個對象比較容易告白成功，就貿然選擇他。

你該問自己，哪一個人的特質比較吸引你。人有迫切需要的時候，會傾向做一些容易成功的事情。如果你沒有想清楚自己究竟喜歡誰，就算告白成功，恐怕兩個人的關係也無法持久。

我也想提醒一些比較沒自信的朋友，千萬不要因為自己的外表或是小缺點，就覺得自己配不上條件好的人。**人和人之間之所以會有吸引力，絕對不是因為外表好，或是賺的錢多這樣的因素。**雖然本身條件有客觀優勢會讓你比較吸引人。但就算你吸引了很多人，在正常情況下，你最終一次也只能和一個人交往啊！所以，千萬不要因為感到自卑，就覺得不會有人欣賞自己。

心理學小科普

男性或女性比較容易先告白？

刻板印象中，我們會覺得男生比女生更容易跟對方表達自己的愛意。有一個跨了七個國家（澳洲、巴西、智利、哥倫比亞、法國、波蘭和英國）的研究發現，除了在法國之外，在其他六個國家先告白的男性確實比較多。不過告白後的情緒反應，則不會因為性別而有所差異。另外，他們也發現了一個人的依附狀態，會影響他們被告白的感受：逃避性依附程度高的人，不喜歡被告白；焦慮依附程度高的人，比較喜歡被告白。然而，依附程度對告白喜好度的影響，並不會因為性別不同，而有所差異。

雖然喜歡，但是不敢告白

有個學生說他很容易喜歡上別人，但每次都只是喜歡，不敢表白。因為他其實沒有戀愛經驗，不太確定自己這種是不是真正的喜歡。所以，每次他喜歡的對象死會了，他就會說服自己，沒關係，再找下一個就好。他到底要怎樣脫離這樣的迴圈呢？

對沒有戀愛經驗的人來說，要跨出那一步，需要很大的勇氣。如果你的客觀條件比較吸引人，大概也不會有這樣的糾結，因為會有人主動追求。但是，如果你是男生，條件一般，要被人主動追求，難度就不小了。因為社會上多少還是存在著一種男生應該主動一點的氛圍。

我告訴這個學生，對於初戀，如果他覺得有個人會讓自己心跳加速、臉頰泛紅，那就勇敢試試看吧！之所以會這樣建議，是因為他沒有談戀愛的經驗，也不清楚自己真正適合怎樣的對象。

與其讓理性的大腦去分析，還不如讓感性的大腦來做處理，因為一些腦科學的證據都說明，對另一個人不經意的舉動，往往更能說明你和這個人之間的親密關係。就像一些研究發現，人的肢體動作，更能反映你對一個人的真實態度。

從戀愛中更認識自己

當然我不是叫學生胡亂告白，除了感性面的感覺之外，至少也經過理性評估，會喜歡這個人，才可以去跟對方進一步互動。你也不一定一開始就要告白，可以先找一群人一起活動，在過程中去梳理自己對於對方的感覺。比較篤定之後，再找合適的機會告白。我不敢保證這個告白是否會成功，即使不成功，這也是一個寶貴的經驗。

總之，感情這件事，多想無益，唯有實際上有一些付出、有一些損失之後，你才會成長！其實不管是男或女，我都鼓勵喜歡一個人要有實際行動。現代人可能自我意識比較強，加上很多事都可以獨力完成，在面對談戀愛這種高度不確定的行為，都顯得很猶豫。尤其，很多人也不一定想要結婚生子，就更不知道為什麼要談戀愛來折磨自己。

談戀愛一定需要付出，多少會影響到你原本的作息。但是談戀愛也是認識自己的一個好機會，你會發現，原來對自己來說，什麼樣的價值觀是重要的，什麼又一點都不重要。我有個朋友一直覺得他要找一個也喜歡戶外活動的女朋友，結果，他找了一個作家女友。我問他怎麼會反差這麼大。他說，他一開始也有點意外，不過他發現自己過去之所以喜歡戶外活動，是因為透過這些活動，他才認定自己是活著、有存在感的。但是，和女朋友交往之後，他發現自己不一定要透過戶外活動，才能得到這樣的存在感。他現在常和女朋友一起窩在家看書、聊天，也覺得挺好的。

有些人會覺得愛情讓人變笨了，但我倒覺得在愛情中，你透過和另一個人交流，發現了自己原本沒發現的樣子。比方說，你可能發現自己原來喜歡照顧別人，或是你會發現自己原來是個控制狂等等。所以，就勇敢去嘗試吧！

萬一告白失敗了……

另一個女學生說她有一個要好的男性朋友，她其實喜歡他很久了，可是他一直都有女朋友，她也沒讓他知道她的喜歡。最近他剛跟女友分手，她有點猶豫到底要不要趁機去跟這個男生告白。她很怕萬一告白失敗，兩個人之間會變得很尷尬。

我請這位女同學問自己，她有多珍惜身邊這個人的存在，如果不願意失去他，那麼繼續當朋友風險相對低。因為就算可能都對彼此有好感，但是感情未必一路順遂，總會有些波折。萬一你們在面對波折的時候分手了，兩個人有可能從此形同陌路。

不過就像投資一樣，低風險的選擇，收益也比較低。如果你們是朋友關係，有可能在他又有對象之後，你們之間的互動就會受到影響。也有可能，他的女朋友會介意有妳這樣的異性朋友，他也不得不減少跟妳的互動。

或許我們和有些人之間，就是有緣無份吧！就像張愛玲在《半生緣》中描繪的顧曼楨和沈世鈞的愛情，兩個人在最合適的時間點被拆散了，即使事隔多年，兩個人都單身了，但也回不去了。

認清自己和一個人不可能成為戀人，也是一種解脫，一種好的解脫。當你對這個

人沒有愛情上的眷戀時，反而更能誠心祝福他，你們之間的關係或許也會更自在。更重要的是，你把他放下了，你的心才有可能去容納另外一個人啊！

人生想一想

想想自己想要找什麼樣的對象，然後認真規劃，自己要怎樣認識這樣的人，或是要怎麼推進和已經認識的人之間的關係。我不能保證一次嘗試就會成功，但只要你真誠的去面對這個過程，那我相信你一定會有所成長。當然，你也有可能確定，自己其實適合一個人，那你也該為單身的自己做一些規劃與安排。

午夜小提醒

告白就像拆禮物，在做之前會充滿期待，之後有失望的可能。

03

感情中有沒有真正的公平？

前幾天，我之前的研究生突然發訊息給我，說有事情想跟我聊聊。原來，他有一個交往三個月的女朋友，他很喜歡這個女朋友，互動也蠻好的。唯獨有一點令他介意：女朋友似乎覺得既然在交往，所以都該由男生買單。他一開始覺得沒什麼，只是一兩個月下來，也蠻傷荷包的。他有點猶豫要怎麼跟女朋友溝通這件事，很怕講開了，女朋友就沒了。可是，他也不希望對女友隱瞞這樣的心情，怕哪天吵架了，類似的事情會被他拿出來講。

不知道這樣的事情，各位是不是有點耳熟呢？你是否想過在一段關係中的付出，究竟是自己多一些，還是對方多一些？在我學生的例子中，花費的金錢是可以計算的，因為都是他在買單，所以他可以清楚計算出自己的付出。可是，他的女朋友可能是用其他方式來衡量她和男友之間的付出與獲得。

親密關係的彈性平衡

那到底是誰佔了別人的便宜呢？這其實很難清楚界定。在所有的人際互動當中，真的都很難算清楚到底是誰佔了誰的便宜。想想看，你跟你自己的好朋友，會計較誰對誰比較好嗎？如果你真的覺得一個人對你很不好，那你應該就會跟這個人漸行漸遠了吧？可能是因為朋友選擇多，或許比較容易割捨。遇上一個自己在情感上可以寄託的對象，不是容易的事，應該沒有人會隨便斷捨離吧。

心理學小科普

親密關係的公平性

美國家庭心理學家 B. Janet Hibbs 博士，曾經出版過一本書《試著用我的角度來看：在愛情與婚姻中如何做到公平》（*Try to See It My Way: Being Fair in Love and Marriage*）。這邊提到的我，當然就是指你的伴侶或是配偶。Hibbs 博士認為，親密關係不能用一般會計系統的方式來看待，親密關係中的公平，是一種付出與接受的彈性平衡，平衡取決於你們關係的狀況。也就是說，在親密關係中，沒有所謂客觀的公平，只有當你和你的伴侶都覺得公平才是公平，也只有你們兩個人可以決定你們的關係是不是公平。

兩個人之間的事情，只要兩位當事人都認可，就沒問題了。然而，這種主觀認定往往容易受到情境改變的影響，像是突然有一個人失業或是飛黃騰達，都有可能影響原本的平衡。

只要失去原本的平衡，對關係都有衝擊。比方說，你本來和伴侶是遠距戀愛，兩個人都很期待可以在同一個城市生活。結果，終於在同一個城市生活了，反而可能發生更多衝突。所以，並不是所有的狀況改善，都對彼此的關係有正面影響。

另外，兩個人在一起久了，對彼此的期待也會有所轉變。像是你們可能就不會像熱戀期一樣每星期都在慶祝交往滿幾週。可是，這並不表示你們的關係就一定會陷入危機。多數時候，這個平衡狀態是自然漸進式發生的。

所以，我們沒有辦法追求一個固定、有特定標準的公平。如果對關係抱著這樣的期待，那麼你在關係中會很痛苦，因為只要對方沒有達成你設定的標準，你就會感到失望。

各位要搞清楚一件事，你和另一半的關係，並非師生關係，做老師的負責給標準，學生負責達成標準，這不是親密關係該有的樣貌。你和另一半，要更像共同創業的合夥人，一起為了共同的目標努力。即便你們不打算結婚，也不表示你們不能有一個共同努力的目標。

如果你愛自己跟愛別人一樣多，就不用在乎是否公平

前幾天睡覺前，我家老二突然問我，「爸比，你不覺得你很辛苦嗎？你要上班賺錢，還要煮飯給我們吃。然後媽咪好像都不用做什麼事。我以後不要像你一樣，我要跟媽咪一樣。」

聽到老二這樣說，我有點尷尬，因為確實我在家中可能做了比較多家事，但是太太也負責了不少，只是她通常是在我和孩子睡覺後，才會處理家務。也就是說，孩子沒什麼機會看到媽媽的付出，誤以為好像只有爸爸在做事。

很多時候，我們都會對別人的付出有錯誤的判斷。有時候，是不知道這個人在背後幫自己做了多少事情；有時候，是不知道原來是那個人幫了自己的忙。

我們很容易看到自己缺乏的，卻沒有發現自己已經擁有很多。我鼓勵大家，下次覺得另一半對自己不夠好的時候，先別急著數落他。靜下心來問問自己，他為你做了哪些付出，是不是有不少作為已經被視為理所當然。這不是要你去做比較，發現自己

真的比另一半付出更多。**重點是要提醒大家，不要忽略了另一半的付出，這些付出都是他愛著你的證據。**

我有個朋友的老公是一間大型企業的董事長，有次我問她，「妳老公這麼忙，應該沒時間陪妳吧，妳怎麼看呢？」她說，年紀比較輕的時候，心中確實不好過，但是她很清楚老公是愛她的，之所以會這麼努力，也是為了共同的未來。所以她想辦法調整自己的心態，比方說去學一些才藝，或是多找一些社交支持，像是去一些單位擔任義工。現在兩個人都步入中年了，她覺得兩個人的心智都更成熟了，更加看重各自的自主性，她反而很高興老公工作很忙，這樣她才有很多時間去做各式各樣有趣的事情。

不管你決定要和你愛的人，維持什麼樣的關係，我都要提醒，在愛一個人的同時，也不要忘了愛自己。這一點是我們在關係中很容易忘記的，我們會顧著要滿足對另一半的承諾，而忘了善待自己不僅是另一半要做的，你自己的責任還更大一點。

不少關係穩定的情侶也好、夫妻也好，都有這樣的特質：他們不在一起的時候，也能自己過得很好，他們也常常把另一半放在心上。比方說，吃到好吃的食物會想要帶一份給另一半吃；或是旅遊的時候，會想要買點紀念品送給另一半，也會想著，下次如果和對方一起來，要去做哪些事。發現自己會惦記著另一半，而且不求回報的時候，你該感到幸運，因為你不僅愛著對方，你也很愛自己，你和愛人之間的關係也比較能夠長長久久。

祝福各位可以不僅愛著自己愛的人，也別忘了愛自己。

雖然我們用了很多方式想要在社會上打造所謂的公平，但是真正的公平並不存在，在感情世界中更是如此。如果你很執著於要追求公平，恐怕只會感到失望。你應該自問，自己是否獲得了足夠的愛，是否已經給予足夠的愛，若答案都是肯定的，那麼就沒有什麼需要抱怨。

午夜小提醒

如果感情世界裡的度量衡單位是真心，那恐怕找不到合適的磅秤。

04

遠距戀愛或網戀要如何維繫情感？

過去，談戀愛一定得要面對面才行。但隨著科技的發達，再加上前兩年疫情的限制，現代人開始發現，其實不一定要面對面才能談情說愛。但是，遠距戀愛，真的能成功嗎？

見面不吵有點難

有個學生花兒說自己和男朋友是在一個討論賽車的群組認識，她和男朋友都特別喜歡F1賽車中的哈斯車隊，雖然這個車隊的表現不是最頂尖，但是隊長岡瑟·施泰納（Guenther Steiner）實在太有魅力，讓她和男朋友都很喜歡。

不過，不知道是不是因為是網戀，他們每隔一陣子才碰一次面，卻經常都不歡而散。像去年春假，他們約好一起去墾丁度假，結果男朋友搞錯高鐵的時間，慢了半天才到墾丁。雖然男朋友一直跟她道歉，但是連搭車的時間都搞錯，讓她不由得懷疑，他是不是有把自己放在心上。總之，那次度假的四天三夜中，她幾乎都板著一張臉，不想理他。最後在高鐵站要分別的時候，花兒有點內疚，跟他說了聲對不起，他苦笑著抱抱她說下次見。

她本來還有點擔心，但是男朋友在回程路上就發訊息給她，就這樣用文字聊了一陣子，互動蠻不錯的，就彷彿這幾天度假沒發生爭執一樣，讓她覺得好不真實。她雖然心裡開心男朋友沒有因為這幾天她都板著臉，就想要分手，但又有點擔心，如果他們只能在線上好好相處，卻見面就吵，這個關係真的能長久嗎？

聽著花兒的故事，我想到了自己和太太交往的過程。雖然我們是研究所同學，可是我們是在我畢業離開學校之後才開始交往。一開始也是某種程度的遠距，因為我只有週末能夠和她碰面。一開始也確實因為不太習慣實際互動，容易起衝突，不過後來就好多了。

之後我去英國念書，有兩年的時間都是半年才能見上一面。我記得有一次碰面，還吵了架，我有點賭氣的說，那不然就分手吧。還好太太很理智，覺得我們要練習解決問題，而不是遇上困難就想放棄。也還好後來我們就不用再遠距離戀愛，不然也不知道關係可以維持多久。

不過，我和太太結束遠距關係時，也花了一段時間磨合彼此的習慣。老實說，即使結婚十幾年了，我們也還持續在適應彼此的改變。

距離只是分手的藉口罷了

或許我們的關係能夠維持是因為太太能接受遠距戀愛，但我真心覺得，**兩個人**

的關係能不能夠維持，跟距離並沒有太大關係。當然對於那些原本不是遠距的戀人來說，要改變交往型態確實會遇上一些挑戰，但是真正讓感情沒辦法維持的原因，並不是你們能否每天見面。真正的原因，往往是彼此的生活差異變大了；如果你和另一半有時差，互動時的心境也會很不同。

就像我看過很多學生，因為自己已經出社會工作了，另一半還在校園，往往就會因為生活重心、價值觀的轉變，而走上了分手的路。這些情侶也沒有遠距離，有些甚至還常常見面，結果還是分手。

如果你們一開始就是遠距戀愛，之所以沒有辦法繼續，絕大部分也不是遠距的關係，只是我們都習慣拿一些看似合理的代罪羔羊，來合理化整件事。我不否認見面三分情，你和另一半面對面的時候，一些生理因素對彼此的關係有益，但是，若你們的關係脆弱到會受這些生理因素影響，其實也很危險。未來這個生理因素削弱了，或是有別人可以帶給你更強烈的生理反應，那麼你們可能遲早也會分手。

該怎麼補足線上交往的缺憾呢？

以我過來人的經驗，在對方不預期的時候送一些驚喜的禮物，就有不錯的效果。另外，你們也可以有一個象徵彼此的紀念品，稍微彌補對彼此的思念。另外，其實也有一些有趣的玩意，像是透過一個載體，讓你可以和對方隔空接吻；也可以透過同步的呼吸心跳發送器，在睡覺的時候，感受到另一半的呼吸及心跳。

因為少了肢體互動，以及並不全面的訊息表達，所以你要想辦法更清楚表達自己的需求，並且練習不要太急躁。畢竟有時候對方想表達的，和你以為的有不少落差，在訊息不全面的情況下，很容易失真。寧願多花一點時間確認，也不要貿然行動。

不過，對於數位原住民來說，線上交往可能不存在什麼缺憾，反而有不少優點，像是不想聯絡就不上線等。伴隨元宇宙的發展，線上和面對面的體驗，會越來越接近，甚至有可能會更好。像在連續劇《想見你》當中出現的虛擬實境技術，看起來就能提供令人滿足的體驗。

心理學小科普

遠距離戀愛對女性的影響比較大

有個研究記錄了單身者以及情侶，跟伴侶是否居住在同一個城市，他們唾液當中性荷爾蒙睪固酮的濃度。結果他們發現，對於男性，只要是有對象的，睪固酮濃度就會比較低，但是不會受到是否居住在同一個城市的影響。女性就不一樣了，和伴侶居住在同一個城市的女性，睪固酮的濃度會比單身以及遠距戀愛的女性來得低。這個結果顯示，對於女性來說，遠距離戀愛的影響比較大，所以遠距離戀愛的女性，一旦和相戀的男性碰面的時候，不只是心理層面，生理上也會有衝擊。

人生想一想

隨著全球化以及疫情的影響，遠距的人際關係已經越來越常態化。與其彌補線上互動的缺憾，我們更可以思考要怎麼放大線上互動的價值，說不定能讓親密關係更緊密。在未來，不少人也可能會按人工智慧系統，或是機器人談戀愛。所以，你該問問自己，希望在愛情中得到什麼，並且想辦法用各種型態和方式來獲得，而不是抱怨有什麼自己無法克服的限制。

午夜小提醒

遠距戀愛會失敗的情侶，就算常伴左右，分手也只是遲早的事。

05

相愛容易相處難？

我們身邊可能都有一些朋友，明明在當男女朋友的時候相處融洽，一旦論及婚嫁或是婚後，感情馬上就變了調。此外，你是不是有一些平常很親密的朋友，在一次遠程旅行，或是一起分租之後，就分道揚鑣的呢？

我有個學生跟高中好友約定，大學畢業後要一起去澳洲打工遊學。在她出發前，我提醒她，不要跟好朋友反目成仇，當時她還怪我烏鴉嘴，可是後來她們果然因為一些嫌隙而漸行漸遠。因為我學生的英文比較好，所以她們同時去應徵餐廳服務生時，只有我學生錄取。她的朋友沒被錄取，心中不快，加上生活型態差異越來越大，情誼就越來越淡了。

衝突的理由千百種

不論是和朋友或是和情人，要在生活中相處，都比起單純當朋友、當情人困難。主要的原因就是，你們會有更多時間共處，難免看到彼此比較不光鮮的那一面，而我們不見得準備好要讓別人看到，也不確定自己是否能接受別人的那一面。所以，有一個說法，若一個人可以很自在的在你面前放屁，表示你們的關係很穩定，這其實蠻有道理的。

另外，因為彼此生活有較多的重疊，就會有更多權益、義務分配上的問題。小至誰要負責洗碗，大到誰可以決定要搬到另一個地方去居住，都有可能引起爭執。就像日前有位主婦在論壇上貼文，表示對老公花大錢買重機用的靴子很不滿，本來輿論一面倒的支持她，都覺得老公怎麼可以那麼自私。但是，她老公出面澄清，說自己前一雙靴子已經穿到破了，而且他也有負擔家務，不是只看到自己的需求，而忽略妻小。之後大家開始同情、認同老公的做法。**跟錢有關的衝突，在人與人之間是很常發生的。除非從一開始就規範清楚，否則很容易因為彼此的金錢價值觀不同，而產生歧異。**

能熱吻的，不一定能一起洗碗

我和太太交往好幾年才結婚，其中又有近三年時間是遠距或是類遠距，總之真正相處的時間並不長。後來，太太說她之所以願意點頭嫁給我，是因為她到英國念書的那一年，感受到我是她在生活上可以依賴的對象。在英國期間，我可能沒有錢帶她去吃大餐，但在每次見面的時候，我都會多煮一些餐點，讓她在未來幾天仍然可以吃到我煮的料理。

對太太來說，她知道自己想要跟穩定的人相處，而我剛好就是一個很穩定的對象，讓她能放心跟我一起生活。每個人在感情中追求的不一樣，與其怨嘆自己總是只能跟人談情說愛，不能邁入禮堂，你更應該問問自己，你追求的究竟是什麼。

有些人很清楚知道，自己並不想要跟別人一起生活，只想要擁有戀愛的甜蜜感。如果是和這樣的人交往，你就不該自作多情，覺得你們這麼相愛，一定可以長長久久共同生活。**當然，兩個人的關係到底是只能當戀人，還是可以當家人，都不是雙方一開始就能預知的。你能夠做的，就是想辦法釐清自己的期待，以及瞭解對方的期待。**

期待不同，就該放手？

如果發現你和對方都只想要當戀人，那你們不一定要進入禮堂；如果一個只想當戀人，另一個卻想當家人，你們就該慎重抉擇，畢竟兩個人若還想要在一起，有一個人就必須委曲求全。

但是，對兩個人來說，好聚好散可能是比較好的選擇。因為在一段關係中，若有一個人一直覺得自己在配合對方，長久下來，對關係是不健康的。即便一開始你會說服自己，因為愛這個人，所以我願意為他做一些犧牲。但是，這樣的犧牲並不是一兩天的事，有可能是十年、二十年，甚至是一輩子的事情。如果你樂觀的以為習慣就好，那麼你們的關係出問題，只是遲早的事。

當然，如果可以找到一個彼此都能接受的平衡點，也並非不可能。像在韓劇《非常律師禹英禑》中，有自閉症的女主角因為擔心男主角無法承受來自各方的壓力，毅然決然選擇分手。後來男主角用貓與貓奴的比喻，來描述自己雖然可能會感到孤單，但同時也會有很多的幸福感，所以他不想要分手。女主角也甜蜜的回應，貓也是愛著貓奴的，所以不要分手。電視劇或許將現實刻畫得比較美好，**但一段關係是否能夠維繫，雙方有共識是最基本的**。

為什麼你總遇不上對的人？

不論你只是想找個情人，或想要找到對象進入婚姻，你都有可能覺得，自己怎麼老是遇不到對的人。出現這樣的疑惑時，**你該先問問自己，你的期待和你的行為是否不一致。**比方說，你心中是希望找個可以一起生活的對象，但是你的行為表現卻讓人覺得你只是愛玩，只想要享受粉紅泡泡。那麼，會跟你在一起的，當然是那些也只想享受美好戀情的人。一旦過了熱戀期，就很容易分道揚鑣。

雖然一開始就搞清楚彼此的目標，有助於關係發展。但是，我們常常也不知道自己和這個人可以如何發展，這時候，你若一開始就打定主意要怎麼做，對彼此的關係反而不好。

不過真正的問題，可能不是為什麼你總是遇不上對的人，而是你可能搞不清楚自己是誰，自己想要怎樣的關係。套一句我太太的名言，談戀愛就是認識自己最好的方式，你會在關係中發現自己真正的樣貌。這個過程可能會讓你發現，自己愛的不是現在身旁的那個人，這也沒有關係。與其埋怨，你們更該祝福彼此，因為和這個人相愛過、相處過，你才會更清楚自己的追求。

心理學小科普

高自我控制有利於關係品質

兩個人的關係品質，會受到彼此特質的影響。但是，究竟特質要是相近、相異，還是某種組合，會對關係品質最有幫助，就要依據特質而定了。雖然較多研究顯示特質越接近，對於關係的品質是比較有幫助的。但有個研究發現，針對自我控制（self-control）這個特質來說，不論是朋友、戀人或是夫妻間，兩人加總的自我控制能力越高，雙方對彼此關係的評價會越高。所以，大家不要太執著於一定要找跟自己特質相近的伴侶，而是要去思考，到底什麼樣的特質，對你想要的親密關係品質有幫助。以自我控制為例，研究者認為高自我控制的人，會去適應伴侶的狀態，而且會去尋求協助，因此當雙方都是高自我控制的人，對於關係來說最好。

人生想一想

- 影集《真愛密碼》（*The One*）描繪未來有一種基因配對的技術，可以幫你

找到你的真愛。有一位主婦很想知道自己的老公是否就是那個人，想不到意外發現，其實她並不是老公的真愛。結果，這兩個人的關係變了調，只因為這位主婦心裡有鬼，自卑的認為老公會愛上那個真愛，而不是自己。雖然我們可能都認為，世界上有那麼一個人是最適合自己的。但是，你沒有找到這個人，不代表你就沒有辦法幸福，關鍵還是在於你的心態。

午夜小提醒

不要以為你願意幫他洗內褲，他就會想要跟你長長久久，因為他可能喜歡穿有味道的內褲。

06

放棄是比較好的做法？

不知道是不是交友軟體興盛的緣故，現代人對於交往的態度很速食：看對眼，就馬上可以在一起；發現不適合了，也好聚好散。當然也不是所有人都抱持這樣的觀點，有些人還是比較傳統的。

我不確定是性別或是個性差異，我認為如果不愛一個人了，就應該早點告訴對方。除非你覺得兩個人日後還有復合的可能，否則早一點提分手，相較於拖拖拉拉，造成的傷害只會比較少，而不會比較多。**畢竟，一個人在一段關係中投入越多，在關係結束時的失落感會越重。**

怎麼判斷自己真的不愛了？

判斷自己不愛一個人，跟判斷自己是否愛一個人，同樣困難。但科學證據顯示，不愛一個人的幾個月前就有跡可循。也就是說，我們意識下可能早就埋下了一顆種子，只是必須等這顆種子成長茁壯，我們才會意識到，原來自己已經不愛了。

心理學・小科普

大腦早就知道你不愛了

有研究者找情侶來做實驗，他們在功能性磁振造影儀（functional Magnetic Resonance Imaging）中觀看另一半的照片或是其他人的照片。四十個月後，他們追蹤這些情侶是否還在交往，並且依據這點來把結果做分組。他們發現那些分手的情侶，在當時觀看自己伴侶照片，大腦的反應就比較平靜。也就是說，可能他們在那個時候就對另一半的感覺不是那麼強烈。當然大腦活動越強烈，不代表有比較多的處理，只是在這個研究中，分手及繼續交往的差異，是有生理基礎的。

但是，我們對於一個人或物的喜好，其實非常容易受影響。比方說，別人的閒言閒語，可能就會影響你對一個人的喜好程度。或是出現另一個更理想選項的時候，相比之下，我們就會覺得自己對原選項並不是那麼喜歡了。

既然態度那麼容易受影響，我們到底該怎麼判斷自己是真的不愛了呢？我建議你可以這樣做：

一、回想自己當時愛上這個人的原因

二、問問自己這些原因是否有所變動

三、檢視你自己的狀態是否有所改變

透過這三個程序，你可以檢視自己對一個人的態度是不是真的變了。

當然也有些人會用很生理性的反應來做判斷，這點我自己是略持保留態度，雖然我不否認生理反應的直覺性，但我們很有可能做了錯誤的歸因，那就不太理想。所以若你覺得你的身體還是愛著一個人，那就多測試幾次，確定真是如此，再做定奪。

真的不愛了，該怎麼辦？

雖然前面我提到，如果覺得不愛了，應該早點讓對方知道。不過，這樣做有點不負責任。比較負責任的做法是，你應該要找出自己不愛的原因，倘若還有調整空間，或許就該試著改變。比方說，你發現自己不愛對方，是因為你們相處的時間變短了。那麼，你可以想辦法多花一點時間在彼此身上，觀察自己的態度是否有所改變，再做出抉擇。

不過一旦出現不愛的念頭後要再轉變，其實不容易。因為人都有先入為主的觀念，除非有強而有力的證據，不然多數時候，都很難扭轉自己的想法。如果對你來說，之所以不愛，是有一個關鍵事件，像是有人信誓旦旦跟你說，你的情人其實並不愛你之類的，那麼你可以問問自己，如果沒有這件事，你是否會萌生不愛的念頭。倘若關鍵事件有十足的影響力，你該冷靜評估它的真確性，不要因為一些未經證實的資訊，影響了自己對一個人的態度。

假設仔細評估後，你依舊確定自己已經不愛對方，你就要思考怎麼讓他知道。我自己會傾向速戰速決，既然已經想清楚了，就真誠地把自己的想法讓對方知道，並且讓他有機會表達看法。並且就該少留點餘地，不要讓對方覺得還有希望，陷入藕斷絲連的狀態。

請務必當面提出「不愛了」、要分手，不要隨意發則簡訊說要分手就算了，至少讓對方不要莫名其妙被分手。面對面還有另一個好處，雙方可以把話說清楚，對方也可以直接發洩，這對他之後的調適有益。

不當情人，還是可以當好朋友

前面我說要果斷，是針對不能當情人這件事，但並不是說一定要跟對方斷絕往來。沒有必要因為當不成情人，連朋友也做不成。只是，你若有這樣的打算，一定要拿捏好尺度，以免讓對方認為還有復合的可能。

我也曾經歷過一場「沒有談過的戀愛」，對象是國中好友，或許因為我們都覺得彼此是很重要的朋友，不希望因為當不成情人，連朋友也做不了，所以一直沒有人主動踏出那一步。

如果你是分手就要斷得乾脆的人，也不用覺得自己是個壞人，因為人和人的相處都是自發性的，不該勉強。如果當時覺得沒辦法當朋友，也不需要委屈自己，時過境遷，你們將來或許有機會再度相遇。

當我們要結束一段關係，肯定會受傷，尤其當這段關係已經維持很長一段時間。但是人和人相處，本來就是來來去去的，只有很少數的人，是一直

可以跟你攜手前行的。當你發現自己沒辦法和一個人繼續走下去的時候，好好道別，這對雙方都是比較好的決定。

午夜小提醒

如果該放下的時候，你不懂得放下，就算遇到自己中意的人，你的心也沒有辦法容得下他。

07

他是我能託付的對象嗎？

我在教發展心理學這門課時，請同學們寫下他們對於人生的規劃，從畢業後到他們死掉的那天。因為這班是我帶的導生班，我對他們比較熟悉，所以發現了一個很有趣的現象。他們班上有三對班對，可是班對的六個人中，沒有任何一個人寫到現在的對象會是未來結婚的對象，甚至還有人說自己覺得這個人不會是以後的結婚對象。

因為內容牽涉到隱私，我沒有在這課堂中公開討論。後來有機會私下跟這些班對互動，我問他們怎麼沒有把彼此放進未來的規劃？有同學就說他們才剛開始交往，怎麼可能就知道彼此是不是真的適合？

從寫那個作業到現在又過了快兩年，是否有什麼轉變呢？有位同學表示，現在會希望把對方放在重要的位置，可是說要結婚，也太早了吧？因為他們才二十二歲，而現在平均結婚年齡是三十歲，他們還可以再等等。那麼，到底要如何確認對方是不是可以託付後半生的那個人呢？

現任不如前任？

有個已經畢業的學生說她跟男朋友交往已經一年，在這之前她也交往過別的男友，本來以為會跟前任結婚，後來前任認為彼此不適合，就分手了。她說現在這個男朋友沒有什麼不好，可是跟前任比起來，好像就還差了那麼一點。她男朋友在幾天前跟她求婚，她在浪漫的氣氛下答應了。可是回家冷靜之後，又開始猶豫。她不知道自己現在該怎麼辦？

不少人會把現任和前任做比較，就連比爾蓋茲，三十多年前和梅琳達結婚的時候，也先徵詢了前任女友的意見，在前任大力稱許之下，他才決定要跟梅琳達結婚。最近也有一些媒體在八卦這個前女友，甚至影射她可能也是導致他們夫妻走不下去的原因之一。

每個人都有不同的優缺點，如果你硬是要比較現任哪些地方不如之前那一個，那你為什麼不回頭去找前任呢？你之所以會和前任分手，肯定有原因。所以，當你想要比較現任和前任的時候，先提醒自己，當時為什麼分手，只要這個原因沒有改變，沒有任何理由吃回頭草。

在兩個人的關係中，最好不要委屈自己，因為你會積累對另一半的不滿，等到哪一天爆發，另一半會覺得你很莫名其妙，為什麼以前有這些不滿都不說，吵架時又要拿這點來說事。

所以，我建議同學問問她自己，現任男朋友還有哪裡讓她不滿意，如果有，就要跟男朋友溝通，如果他願意努力改變，再嫁給他也不遲。但千萬不要他口頭說願意改變，就點頭要嫁了，一定要看到實際行動。

如果決定結婚，務必要提醒自己，為什麼決定結婚。然後，就不要再拿未來老公跟其他人比較，比較沒有意義，重點是他是不是最適合妳的那個人。

心理學小科普

兩性在婚姻中的幸福感有差異

有一個針對不同伴侶型態的人做的調查，發現當兩個人的承諾越穩固（結婚vs同居），他們的幸福感就會越高、身體也越健康。但是，追蹤的調查顯示，這樣的效果並不會持續，女性在結婚前的幸福感最高，而男性則是在剛結婚後的幸福感最高。不過，研究者們認為，結婚會讓人幸福感比較高的主要原因，並不是結婚這件事本身，而是那些幸福感比較高的人，才會選擇結婚，因而讓我們誤以為結婚會提升幸福感，以及身體健康。

交往順利但認為對方並不是那個正確的人

有個網友說她和自己的閨蜜都有穩定交往的男朋友，她們有一次聊到會不會和現在的男朋友結婚，她的閨蜜說自己雖然很愛男友，但是如果嫁給他，日子可能會過得很辛苦，所以應該不會嫁給他。網友說她聽見閨蜜這樣說，有一點點不高興，因為她認為結婚不就是要找一個愛自己、自己也愛的人？哪有什麼其他需要考慮的因素呢？所以，到底是她太單純，還是閨密太務實呢？

每個人對婚姻的想像，多少都會受到自己原生家庭的影響，或許這個閨蜜的原生家庭生活比較動盪，讓她感到如果一個男人沒辦法支撐一個家，家庭成員會受苦。所以，她才會想要嫁一個能讓自己不吃苦的人。

即使這個密友的想法和她的原生家庭沒有關係，她也可能只是想要為自己留一條後路，就算婚後沒有了愛情，至少衣食無虞。

大家會有這樣的想法，可能也和我們誤解一句話有關係，所謂的「貧賤夫妻百事哀」。大家會以為這句話是指貧窮的夫妻事事都不順利。實際上，「貧賤夫妻百事哀」這句詩出自唐代詩人元稹的《遣悲懷三首．其二》，是他寫來紀念亡妻的詩，詩的前一句是「誠知此恨人人有」，才接上「貧賤夫妻百事哀」。意思是說，喪妻之痛人人都能體會，尤其是失去甘願共同承受貧賤的糟糠之妻，如今雖然生活富裕，但是沒有髮妻在身邊，感覺諸事都沒有了樂趣。也就是說，**這句詩根本不是要說什麼貧窮會讓夫妻日子不好過，而是說，沒有錢才能有真感情。**

每個人對婚姻都有不同的期待，只要這個對象能滿足你對婚姻的期待，就可以考慮結婚。只是，**即使再美好的婚姻關係，都可能會有一些不完美，如果很堅持一定要完美才結婚，那麼你可能這輩子都結不了婚。**

每個人都該為自己負責

過去，特別是女性，會認為要把自己託付給一個值得信賴的人，是很重要的事。

但隨著兩性平權意識增長，把自己託付給一個人的概念顯得有點過時。或許這也是現在世界各國結婚率都下降的原因之一。

其實不論男女，都不該誤以為好的親密關係，就是無條件把自己託付給另一個人，也願意無條件接受另一個人的託付。你自己必須是在一個理想狀態，才有可能經營一段好的親密關係；而不是期待有了親密關係，可以治療自己的不足。當然，有些親密關係能夠提升雙方的心理能量，但這應該是由好到更好，而不是從不好到普通的提升。

人生想一想

隨著時代價值觀的轉變，成家這個概念也逐漸被看淡，因此結婚率、出生率雙降。倘若大家願意接受未婚生子，那麼不結婚的問題或許沒有那麼嚴重。倘若這個前提不成立，那麼太少人願意和另一個人共度餘生，就是值得重視的問題了。不過我想特別聲明，這裡說的與另一個人共度餘生，不一定要是透過結婚，也可能是三五好友許下共同生活的承諾。

午夜小提醒

靠自己很好，但若你可以當一個人穩定的依靠，而那個人也是你穩定的依靠，那是更美好的事。

08

準備要結婚了，但我還有一堆問題，怎麼辦？

我有個學生，條件非常好，念大學期間也談了幾次戀愛。不過，畢業前的那個男朋友一直交往到現在。有次她回學校，我問她說，年紀也不小了，怎麼還沒打算要結婚？她就跟我說，「老師，你真是哪壺不開提哪壺。」原來前一陣子她男朋友才剛向她求婚，她當下沒有答應，因為她和男朋友的家人互動過幾次，覺得那個家庭的氛圍和她家的自由風氣很不一樣。雖然男朋友叫她不要擔心，反正婚後他們也不會跟男友家人同住，可以過自己的生活。

可是她還想到婚禮的安排，因為她從小就很嚮往西式婚禮，希望可以跟比較熟的親朋好友，一起到海島，在日落的沙灘舉辦婚禮。但不管是男朋友家或是她自己的父母，大概都不會同意她這樣的婚禮規劃，讓她一想到就很洩氣。

婚禮是個關卡

我問她，如果可以舉辦兩場婚禮呢？一場是照著她的意思，一場是照著長輩們的意思，那她會想要結婚嗎？她猶豫了一下，說應該會比較願意吧。會跟這個男朋友交往那麼久，就是因為覺得這個人最適合自己，她在心中也把他放在很重要的位置。只是她覺得，如果兩個人可以一直這樣過也很好，為什麼一定要舉辦婚禮、昭告天下他們要結婚了呢？

我年輕的時候也是這麼想的。念大學的時候，我還自認絕對不會結婚，但可能會有小孩。如果不是太太對婚姻有一定的執念，我或許也不一定會結婚。還好太太只是對婚姻有執念，對於婚禮的形式沒有太多堅持，所以沒有成為另一個阻礙。如果連婚禮要怎麼舉辦都是一個需要過的關卡，那我也不確定自己是不是還會想結婚。

對於婚禮，我們或許有很多想像，但是事過境遷，回頭去想的時候，最深刻的是那種好多人為了你而來參加一場盛宴的感動。雖然沙灘、美景也會讓人印象深刻，可是這不是一定要舉辦婚禮才能享受的。但要讓幾百個人為了你和另一半以及你們的家人聚在一起，並不是那麼容易的。

我要學生回去再想想，而且要不要和一個人結婚，真正的關鍵是兩個人是否把彼此放在未來的規劃中，不管是婚禮形式也好、雙方家庭也好，雖然多少會有些影響，但都不該是影響你跟一個人結婚的因素。

心理學小科普

結婚與否，別人看待的態度會不同

雖然有些人會覺得舉辦婚禮好麻煩，明明就是兩個人的事情，為什麼要勞師動眾。如果微觀來看，婚禮確實是少數人的事情，但是若從宏觀的角度來看，婚禮還是有其必要性。因為婚禮本身就是一個昭告天下的儀式，讓人快速知道有兩個家庭之間的關係轉變了，從原本的不相干變成了姻親。而人的思維模式很容易受到這些由上而下概念的影響，就像在實驗室中，只要讓參與者認定一個人和自己是否來自同一個群體，就會影響參與者對這個人的觀感。雖然婚姻的神聖性逐年削弱，但不可否認的，一個人結婚了沒，在現階段還是會大大影響我們看待一個人的態度。

辦婚禮是必要的嗎？

我記得準備結婚時，第一件事就是選日子，並確定好宴客地點，因為這是最重要的一個環節。但是選定地點之後，到底要邀請多少賓客來參加婚禮，是一門很大的學問，有些人不邀請會失禮，有些人則是邀請了會失禮，總之就是相當的複雜。

就算宴客桌數確定了，還是有可能出錯。我記得婚禮宴客那天，我明明都把位置安排好了，可是我媽媽的朋友嫌位置小，就做了一些調整，抽調了幾張桌子，在另一個小房間安排了兩張桌子。我一看到這樣的狀況，頗為光火，因為被移到小房間的是我太太的同事，我覺得這樣太欺負人了，就要求把桌子恢復原狀。

連這麼小的事情都可能出差錯，整個婚禮真的是充滿著未爆彈。可是，不舉辦婚禮？好像又有點可惜，畢竟很多人，特別是女性，對於婚禮都有一定的憧憬，會希望自己美美的站在親友前面。

結婚不只是你和另一半的事

在繼續之前，我想先跟大家疏通一個觀念：**婚禮不是為了你們小倆口，而是為了你們的父母舉辦。婚禮有點像是對其他人的宣示，說我已經把孩子養大，可以稍微功成身退了。**

如果大家以這樣的心態為出發點，那婚禮有沒有必要辦，決定權就不是在你和另一半，而是在雙方家長手上。但很弔詭的是，通常大家都不會這樣認為，往往因此造成一些親子衝突。我想有些人之所以不想要辦婚禮，可能也跟自己與爸媽之間的期待落差有關。

不少人喜歡低調，認為結婚是自己的事，所以只想跟比較親密的親友一起慶祝。可是如果父母有一定的身分地位，若這麼低調舉辦孩子的婚禮，以社會眼光來看，是相當失禮的。因為不少親友可能會想要藉著這個機會來表達謝意或情誼。像我參加過兩場婚宴，就是這種名門家庭舉辦，不僅場面氣派，且完全不收禮金，擺明只是要讓大家分享自己的喜悅。

登記但不舉行婚禮

我有個學生說她自己和男朋友都不喜歡被傳統束縛，所以不打算舉辦婚禮，但會去登記，以保障雙方在法律上的權益。她媽媽為此非常生氣，她有點為難，但也無法說服自己為了父母而舉辦婚禮。

當父母的都特別容易擔心孩子吃虧，特別是女性，父母就怕如果不在這一天光彩一點，之後女兒的日子過得不好。也許媽媽堅持要辦婚禮，本質上是為了女兒，而不是單純為了滿足自己的期待。所以在跟母親爭執之前，或許可以和未婚夫一起跟媽媽好好聊聊，或是一起去旅行，讓母親看到這個男人怎麼呵護自己的女兒。說不定回來之後，她的心境就會有所轉變呢！很多時候，長輩只是講得一副無法讓步的樣子，可心底早就設好了退讓的底線，只是在觀察你們的表現。

老實說，在籌備婚禮的過程中，我也有過「那乾脆不要結婚好了」的想法，幸好，太太往往這時候就變得很有力量，會打醒我，叫我要振作一點。現在回想十幾年前的婚禮規劃，覺得當時有些想法真是很好笑，包括印了一大堆的喜帖，到現在都還剩幾百張。

人生想一想

- 從相戀到步入婚姻的過程，真是有點難以言喻，我覺得電影《真愛挑日子》（*One Day*）中有一句台詞說得很好：「喜歡，是看到一個人的優點；**愛，是接受一個人的缺點。**」有人說婚姻是愛情的墳墓，我覺得那是沒有真正明白婚姻的真諦。這裡指的不是表面的「結婚」這件事，而是兩個人願意一起生活，共同承擔生活中的起起落落。

- 所以你和另一個人可能不一定有婚約，但是用這種方式過生活，那你們其**實就是在過婚姻生活**。相對的，如果你和一個人結了婚，但還是各過各的生活，也沒有真正把對方放進人生規劃中，那你們也還稱不上結婚呢！

午夜小提醒

喜宴存在的必要性，不只是為了收禮，而是提前做婚姻關係的壓力測試。

Section 1 自我面對面——找到自我，不受期待干擾

- 基因的影響比學校更大嗎？ https://doi.org/10.1038/s41539-018-0019-8
- 性格穩定性 https://www.ncbi.nlm.nih.gov/pmc/articles/PMC5742083/
- 有志向，並且監控自己的進度，讓你更容易成功 https://doi.org/10.1080/10413209608406308
- 社會階層的影響面 https://doi.org/10.1111/bjso.12251
- 非凡經驗的代價 https://journals.sagepub.com/doi/full/10.1177/0956797614551372
- 分享非凡經驗的影響 https://journals.sagepub.com/doi/full/10.1177/0956797614551372
- 延宕滿足 https://doi.org/10.1016/j.intell.2007.09.004
- 美和胖瘦的相關概念可以改變 http://doi.org/10.5334/irsp.442
- 延宕獎賞的折現率 https://psycnet.apa.org/doi/10.1037/0096-3445.128.1.78

Section 2 生活你我他——自由自在，不受情緒困擾

- 依戀風格 https://www.cambridge.org/core/journals/behavioral-and-brain-sciences/article/abs/bowlbyainsworth-attachment-theory/6D35C7A344107195D97FD7ADAE06C807
- 不敏感性格 https://doi.org/10.1002/1099-0984(200005/06)14:3%3C217::AID-PER374%3E3.0.CO;2-G
- 逃避情緒，反而更好 https://doi.org/10.1177/1088868310395778
- 擁抱提升免疫力 https://doi.org/10.1177/0956797614559284
- 好友人數與大腦皮層之間的關係 https://doi.org/10.1098/rspb.2011.2574
- 繭居族 https://doi.org/10.1186/s12888-022-04116-6
- 抱怨也有講究 https://psycnet.apa.org/doi/10.1037/0033-2909.119.2.179
- 哪種人格特質的人最容易對商家投訴 http://dx.doi.org/10.1504/IJBE.2016.074793

Section 3 職場生存經——輕鬆裕如，不受壓榨霸凌

- 認知失調與管理　https://doi.org/10.1177/0149206316668236
- 領導風格滿意度　https://ssrn.com/abstract=3197150
- 問題導向學習的優缺點　https://doi.org/10.1177/016235329702000402
- 職業的社會刻板印象　https://doi.org/10.1177%2F09637214211013775
- 內卷是一種適應策略　https://doi.org/10.1080/1360080X.2022.2115332
- 內在家庭系統理論　Earley, J., & Weiss, B. (2013). *Freedom from your inner critic: A self-therapy approach*. Sounds True.
- 職場孤單感　https://doi.org/10.5465/ambpp.2011.65869714
- 手寫的方式作筆記較好　https://doi.org/10.1007/s11251-018-9458-0

Section 4 感情華爾滋——美好圓滿，不受假象欺瞞

- 喜劇電影的壞影響　https://doi.org/10.1080/03637751.2013.776697

- 婚姻如何做到公平　Hibbs, B. J., & Getzen, K. J. (2009). *Try to see it my way: Being fair in love and marriage.* Penguin.
- 遠距戀愛對女性影響較大　https://doi.org/10.1016/j.yhbeh.2006.11.005
- 男性或女性比較容易先告白？ https://journals.sagepub.com/doi/10.1177/02654075221075264
- 大腦早就知道你不愛了　https://doi.org/10.1016/j.neulet.2012.08.004
- 高自我控制有利於關係品質 https://journals.sagepub.com/doi/abs/10.1177/1948550610385710
- 兩性在關係中的幸福感是有差異的　https://doi.org/10.1037/fam0000913

國家圖書館出版品預行編目資料

午夜時分的心理課：心理學博士陪你一起自問自答,用科學讓生活有餘裕,人生更自在!/黃揚名著. -- 初版. -- 臺北市：商周出版：英屬蓋曼群島商家庭傳媒股份有限公司城邦分公司發行, 2022. 10
面； 公分. -- (ViewPoint ; 113)
ISBN 978-626-318-429-9(平裝)

1.CST:自我肯定 2.CST: 人際關係 3.CST: 成功法

177.2 111014717

ViewPoint 113

午夜時分的心理課

——心理學博士陪你一起自問自答，用科學讓生活有餘裕，人生更自在！

作　　者／黃揚名
企劃選書／黃靖卉
責任編輯／黃靖卉

版　　權／黃吳亭儀、江欣瑜
行銷業務／周佑潔、黃崇華、賴玉嵐
總 編 輯／黃靖卉
總 經 理／彭之琬
事業群總經理／黃淑貞
發 行 人／何飛鵬
法律顧問／元禾法律事務所王子文律師
出　　版／商周出版
臺北市104民生東路二段141號9樓
電話：(02) 25007008　傳真：(02)25007759
blog: http://bwp25007008.pixnet.net/blog
E-mail：bwp.service@cite.com.tw
發　　行／英屬蓋曼群島商家庭傳媒股份有限公司城邦分公司
臺北市中山區民生東路二段141號2樓
書虫客服服務專線：02-25007718；25007719
24小時傳真專線：02-25001990；25001991
服務時間：週一至週五上午09:30-12:00；下午13:30-17:00
劃撥帳號：19863813；戶名：書虫股份有限公司
讀者服務信箱：service@readingclub.com.tw
城邦讀書花園 www.cite.com.tw
香港發行所／城邦（香港）出版集團
香港灣仔駱克道193號東超商業中心1樓_ E-mail : hkcite@biznetvigator.com
電話：(852) 25086231　傳真：(852) 25789337
馬新發行所／城邦（馬新）出版集團【Cite (M) Sdn Bhd】
41, Jalan Radin Anum, Bandar Baru Sri Petaling, 57000 Kuala Lumpur, Malaysia.
電話：(603) 90563833　傳真：(603) 90576622　Email：services@cite.my

封面設計／林曉涵
封面圖片／graphic narrator
版面設計／林曉涵
印　　刷／中原造像股份有限公司
經 銷 商／聯合發行股份有限公司
新北市231新店區寶橋路235巷6弄6號2樓電話：(02) 29178022　傳真：(02) 29110053

■2022年10月4日初版一刷
定價380元

Printed in Taiwan

城邦讀書花園
www.cite.com.tw
 ISBN 978-626-318-429-9

線上版讀者回函卡